Julien Bettner

Chemieunterricht mit DaZ-Schülern 5–10

Arbeitsblätter mit darauf abgestimmten Wortschatzkarten:
Sofort-Hilfe für Lehrer ohne DaZ-Kenntnisse

Hinweise zu den Versuchen

Im Unterricht müssen die möglichen Gefahrenquellen eines Versuchs vor der Durchführung besprochen werden. Zur Unfallvermeidung beim Experimentieren müssen die geltenden rechtlichen Vorgaben beachtet werden. Grundsätzlich muss Experimentieren umsichtig erfolgen, daher wird bei den einzelnen Versuchen nicht explizit auf die aktuell geltende RiSU (Richtlinien zur Sicherheit im Unterricht) verwiesen.

Die Versuche im vorliegenden Buch benötigen teilweise Substanzen, die als Gefahrstoffe eingestuft werden. Für alle diese Versuche gibt es vorausgefüllte Gefährdungshinweise. Die Gefahren- und Sicherheitshinweise werden darin u. a. nach GHS (Globally Harmonised System; vom 20.01.2009, verbindlich ab 01.06.2015) vermerkt.

Quellenverzeichnis

S. 23 f. / 101 ff. GHS Gefahrensymbole © lesniewski / Fotolia

Gedruckt auf umweltbewusst gefertigtem, chlorfrei gebleichtem und alterungsbeständigem Papier.

1. Auflage 2019

Covergestaltung: fotosatz griesheim GmbH
Coverillustration: Steffen Jähde
Illustrationen: Steffen Jähde
Satz: Satzpunkt Ursula Ewert GmbH, Bayreuth
Druck und Bindung: Korrekt Nyomdaipari Kft., Budapest
ISBN 978-3-403-**08214**-9
www.auer-verlag.de

Inhaltsverzeichnis

DaZ-Schüler, die nach dem Besuch der Vorbereitungsklasse auf die Regelklassen verteilt werden, sollen möglichst sofort in das Unterrichtsgeschehen miteinbezogen werden.

Sie sollen
- Freude am Zuhören und Mitsprechen sowie am Lesen und Schreiben in der Zweitsprache entwickeln,
- die deutsche Standardsprache immer besser verstehen können (zuerst nur Gesprochenes, dann auch Geschriebenes),
- sich zunehmend differenziert in deutscher Standardsprache verständigen bzw. sich am Unterricht beteiligen können: zuerst nur mündlich, dann auch schriftlich,
- unter Wahrung ihrer sprachlichen und kulturellen Identität in die neue Sprach- und Kulturgemeinschaft als aktives Mitglied hineinwachsen.

Die Kopiervorlagen in diesem Band richten sich an Schüler[1], deren **Muttersprache nicht Deutsch** ist. Sie zielen darauf ab, die Sprachkompetenz dieser Schüler zu erweitern und sie bestmöglich in ihrem mündlichen und schriftlichen Sprachgebrauch zu fördern. Damit wird gleichzeitig die Integration in der Lerngruppe erleichtert.

Die Schüler sollen inhaltlich klar umrissene **fachspezifische Themenfelder** aus den Kerncurricula erarbeiten. Die vorliegenden Materialien sind somit nicht nur für den DaZ-Unterricht, sondern primär für den **Fachunterricht** geeignet. Damit lernen die Schüler die fachlichen Inhalte und verbessern gleichzeitig ihre Deutschkenntnisse. Weiterhin müssen die Schüler nicht separate Inhalte lernen, sondern erschließen sich die gleichen Kompetenzen wie ihre deutschsprachigen Mitschüler. DaZ-Schüler werden also im Fachunterricht „mitgenommen" und eine Teilhabe am Unterricht wird ermöglicht, was wiederum zu ihrer Integration beiträgt.

Jedes Kapitel ist gleich aufgebaut: Es enthält eine Seite mit Wortschatzkarten, die das unbekannte Vokabular der Arbeitsblätter mittels Bildern und englischer Übersetzungen einführen, sowie zwei bis vier Arbeitsblätter in unterschiedlichen sprachlichen und inhaltlichen Differenzierungsstufen. Damit wird ermöglicht, dass die Schüler am gleichen Thema auf unterschiedlichem Sprachniveau arbeiten können.

Eine aufwendige didaktische Aufarbeitung des Unterrichtsstoffs entfällt hiermit. Die sich im Buch befindlichen Materialien können schnell, einfach und effizient von der Lehrkraft genutzt werden.

[1] Aufgrund der besseren Lesbarkeit ist mit Schüler auch immer Schülerin gemeint, ebenso verhält es sich bei Lehrer und Lehrerin etc.

Jedes Thema besteht aus zwei bis vier Arbeitsblättern. Diese wurden sowohl sprachlich als auch qualitativ und quantitativ differenziert konzipiert.

Das **einfachere Arbeitsblatt** ist vor allem für Schüler geeignet, die die deutsche Sprache noch in sehr geringem Maß bzw. gar nicht beherrschen. Das **anspruchsvollere Arbeitsblatt** ist für diejenigen gedacht, die schon etwas besser Deutsch können. Beide enthalten eindeutige Bilder, Begriffshilfen und leichte Sprache für ein barrierefreies Erschließen von Texten[2]. Die Sätze sind verhältnismäßig kurz, jede Aufgabenstellung enthält möglichst nur einen Inhalt, abstrakte Begriffe werden vermieden.

Um den Schülern das Erschließen der Inhalte und das Erledigen der Arbeitsaufträge zu erleichtern, werden zahlreiche Begriffe, die in den Arbeitsblättern verwendet werden, mithilfe von **Wortschatzkarten** erklärt. Auf diesen Karten befinden sich das deutsche Wort (Verb, Adjektiv bzw. Nomen), dessen englische Übersetzung und ein passendes Bild. Verben werden in der Regel im Infinitiv und im Imperativ dargestellt, bei Nomen werden Einzahl und Mehrzahl genannt.

Insgesamt werden drei verschiedene Wortschatzarten angeboten. Der **Schulwortschatz** enthält elementare Basiswörter, die benötigt werden, um sich im Umfeld Schule sprachlich zurechtzufinden. Des Weiteren gibt es den **Fachwortschatz**. Dort werden alle grundlegenden Wörter, die für das Fach relevant sind, entsprechend dem oben erwähnten Muster abgebildet. Dieser wird ergänzt durch den **Themenwortschatz**, der sich speziell auf das jeweilige Thema bezieht. Die Wortschatzkarten sollten ausgeschnitten und in Karteikästen gesammelt werden, sodass die Schüler die Wörter jederzeit wiederholen und nachschlagen können.

Werden in den Arbeitsblättern den Schülern unbekannte Wörter genannt, sind sie entsprechend gekennzeichnet und können mithilfe der Wortschatzkarten nachgeschlagen werden. Zur Unterscheidung der drei Wortschatzarten werden alle Wörter, die im Schulwortschatz nachzuschlagen sind, mit unterbrochener Unterstreichung markiert. Ist ein Wort durchgehend unterstrichen, so findet man es im Fachwortschatz oder im Themenwortschatz. Selbstverständlich werden die unbekannten Wörter auch in den Lösungen entsprechend ausgewiesen, sodass die Schüler auch an dieser Stelle die Möglichkeit erhalten, fachlichen Inhalt und sprachliche Kenntnisse zu vertiefen.

Auf den Wortschatzkarten sind alle Begriffe alphabetisch sortiert. Sind im Arbeitsblatt Verben durch Konjugation im Vergleich zum dazugehörigen Infinitiv sehr stark verändert (z. B. „miss“ und „messen“), wird in Klammern auf den Infinitiv verwiesen, um das Auffinden in den Wortschatzkarten zu erleichtern.

[2] In Anlehnung an die Europäischen Richtlinien für leichte Lesbarkeit

Das vorliegende Werk orientiert sich an den Lehrplänen und curricularen Vorgaben sowie an den gängigen Schulwerken. Es werden damit möglichst viele Inhalte des Chemieunterrichts in den Jahrgangsstufen 5–10 abgedeckt. Es soll den Lehrern eine wertvolle Hilfe sein, Lernenden nicht deutscher Herkunft den Unterrichtsstoff der Lerngruppe zu vermitteln und gleichzeitig die sprachlichen Kompetenzen zu fördern.

Die Arbeitsblätter sowie die Wortschatzkarten sollen den Lehrern als Unterstützung dienen, Schüler, die Schwierigkeiten mit der deutschen Sprache haben, in den Chemieunterricht einbinden zu können. Durch die Arbeit mit den unterschiedlichen Aufgabenformaten erlernen diese dabei einerseits die im Chemieunterricht notwendigen Fachbegriffe, andererseits die erforderlichen Inhalte.

Für jedes Thema gibt es jeweils zwei differenzierte Arbeitsblätter, denen ein gemeinsamer Wortschatz zugrunde liegt. Die Arbeitsblätter sind in ihrer Schwierigkeit sowohl nach dem sprachlichen Niveau als auch hinsichtlich der kognitiven Aktivierung differenziert gestaltet. Somit kann die Mitwirkung der Schüler mit geringen Deutschkenntnissen im regulären Unterricht den individuellen Voraussetzungen und Bedürfnissen der Lernenden angepasst werden.

Dabei sollte nicht außer Acht gelassen werden, dass eine Sprache nur über ein verbales Vorbild erlernt werden kann. Es ist also unerlässlich, die Schüler direkt anzusprechen bzw. sie mit Schülern der Klasse gemeinsam arbeiten – und sprechen – zu lassen.

Es wurde Wert darauf gelegt, dass die Formate vielfach durch Icons erläutert werden und sich die Aufgabentypen wiederholen, um eine Wiedererkennung zu ermöglichen und selbstständiges Arbeiten zu erleichtern.
Häufig findet sich zu Beginn eines neuen Themas ein Informationstext, in dem auf einfachem Sprachniveau die wichtigsten Sachverhalte erläutert werden.

Bei der Erstellung der Arbeitsmaterialien wurden vor allem folgende Unterrichtsprinzipien zugrunde gelegt:

- **Prinzip der Differenzierung**
  Die Arbeitsblätter in zwei Niveaustufen sind unterschiedlich einsetzbar:
  - Als qualitative Differenzierung: Für leistungsschwächere Schüler ist Niveaustufe 1 gedacht, für leistungsstärkere Niveaustufe 2.
  - Als quantitative Differenzierung: Für leistungsschwächere Lernende kann der Umfang vieler Aufgaben ohne Weiteres reduziert werden, indem sie z. B. nur einen Teil eines Arbeitsblatts bearbeiten. Leistungsstärkere hingegen können zuerst das Aufgabenniveau 1 und später das Aufgabenniveau 2 bearbeiten. Dabei wird ein Teil der Aufgaben Wiederholung sein, um die erlernten Worte zu vertiefen und zu sichern, ein weiterer Teil ist Transferleistung, Verknüpfung oder weiterführende Arbeit.

- **Prinzip der Selbsttätigkeit/Aktivierung**
  Den Lernenden soll die Gelegenheit gegeben werden, einen Sachverhalt mithilfe ihrer individuellen Lern- und Handlungsmöglichkeiten zu bearbeiten, damit sie dabei ihre Selbstständigkeit und Selbstbestimmung entwickeln können. Es wurden daher häufiger Bastel- und Legeformate gewählt, um die Schüler möglichst mit allen Sinnen zum einen selbsttätig agieren zu lassen und zum anderen deren Motivation zu fördern.

  Für Lerner mit geringen Sprachkenntnissen ist hierbei aber eine ständige Begleitung durch die Lehrkraft und/oder Mitschüler notwendig (z. B. um die Aussprache zu üben oder um Farbgebungen zu erläutern).

- **Prinzip der Anschaulichkeit**
  Schon durch den Einsatz der Bilder wird der Zielgruppe der Inhalt verdeutlicht. Ich habe aber daneben vielfach Aufgaben gewählt, die den Lerninhalt über eine weitere Darstellungsebene veranschaulichen sollen, sodass dieser den Lernenden auch sinnlich erfassbar gemacht wird.

Methodisch habe ich mich ebenfalls an den in den Schulbüchern gängigen Aufgabenformaten orientiert. Wichtig bei der Methodenwahl war mir, dass die Schüler für sich selbst arbeiten und dass auch vielfach Verknüpfungen zur Klasse hergestellt werden können.

Die Lösungen zu den jeweiligen Arbeitsblättern sind sowohl als Hilfe für die Lehrkraft als auch zur Selbstkontrolle geeignet.

Ich wünsche Ihnen viel Erfolg und hoffe, Sie in Ihrer Arbeit mit den Schülern, die über geringe Deutschkenntnisse verfügen, unterstützen zu können.

Julien Bettner

Schulwortschatz

Schulwortschatz		
ankreuzen kreuze an! *to tick*		das Ankreuzen – *ticking*

Schulwortschatz		
anmalen male an! *to colour*		das Anmalen – *colouring*

Schulwortschatz		
		die Aufgabe die Aufgaben *the task*

Schulwortschatz		
aufstehen steh auf! *to stand up*		das Aufstehen – *standing up*

Schulwortschatz		
		die Aula die Aulen / Aulas *the assembly hall*

Schulwortschatz		
ausschneiden schneide aus! *to cut out*		das Ausschneiden – *cutting out*

Schulwortschatz		
beantworten beantworte! *to answer*		die Beantwortung die Beantwortungen *the answer*

Schulwortschatz		
		das Beispiel die Beispiele *the example*

Schulwortschatz		
beschreiben beschreibe! *to describe*		die Beschreibung die Beschreibungen *the description*

Schulwortschatz		
beschriften beschrifte! *to label*		die Beschriftung die Beschriftungen *the label*

Schulwortschatz

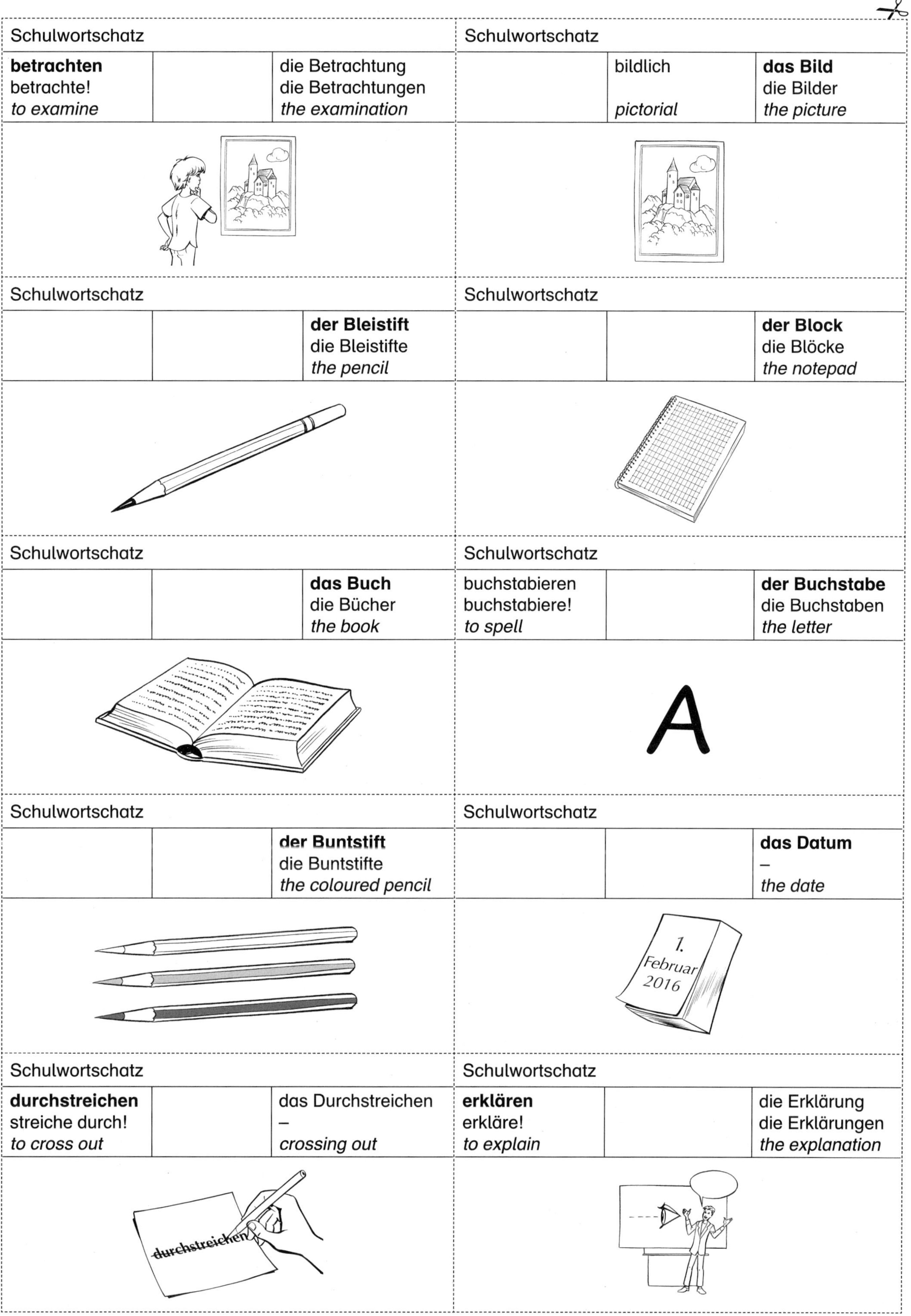

Schulwortschatz		
betrachten betrachte! *to examine*		die Betrachtung die Betrachtungen *the examination*

Schulwortschatz		
	bildlich *pictorial*	**das Bild** die Bilder *the picture*

Schulwortschatz		
		der Bleistift die Bleistifte *the pencil*

Schulwortschatz		
		der Block die Blöcke *the notepad*

Schulwortschatz		
		das Buch die Bücher *the book*

Schulwortschatz		
buchstabieren buchstabiere! *to spell*		**der Buchstabe** die Buchstaben *the letter*

Schulwortschatz		
		der Buntstift die Buntstifte *the coloured pencil*

Schulwortschatz		
		das Datum – *the date*

Schulwortschatz		
durchstreichen streiche durch! *to cross out*		das Durchstreichen – *crossing out*

Schulwortschatz		
erklären erkläre! *to explain*		die Erklärung die Erklärungen *the explanation*

Schulwortschatz

	falsch *wrong*	das Falsche – *the wrong answer*

1 + 1 = 3 f

Schulwortschatz

		das Fenster die Fenster *the window*

Schulwortschatz

fragen frage! *to ask*		die Frage die Fragen *the question*

Schulwortschatz

füllen fülle! *to fill*		**der Füller** die Füller *the ink pen*

Schulwortschatz

		der Hausmeister/ **die Hausmeisterin** die Hausmeister/-innen *the caretaker*

Schulwortschatz

		das Heft die Hefte *the exercise book*

Schulwortschatz

helfen hilf! *to help*		die Hilfe die Hilfen *the help*

Schulwortschatz

(sich) hinsetzen setze dich hin! *to sit down*		das Hinsetzen – *sitting down*

Schulwortschatz

hören höre! *to hear*		das Hören – *hearing*

Schulwortschatz

		das Kästchen die Kästchen *the box*

Schreibe das Wort in das ☐.

Schulwortschatz

Schulwortschatz

		das Klassenzimmer die Klassenzimmer *the classroom*

Schulwortschatz

lehren lehre! *to teach*		**der Lehrer/die Lehrerin** die Lehrer/-innen *the teacher*

Schulwortschatz

		das Lehrerzimmer die Lehrerzimmer *the teacher's room*

Schulwortschatz

	leicht *easy*	

1+1=2

Schulwortschatz

lernen lerne! *to learn*		das Lernen – *learning*

Schulwortschatz

lesen lies! *to read*		das Lesen – *reading*

Schulwortschatz

		das Lineal die Lineale *the ruler*

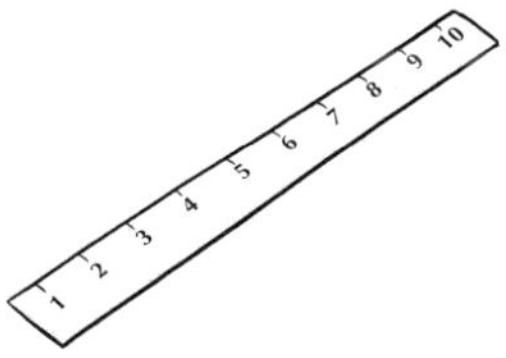

Schulwortschatz

		die Lücke die Lücken *the gap*

Fülle die ___________ aus.

Schulwortschatz

		das Mäppchen die Mäppchen *the pencil case*

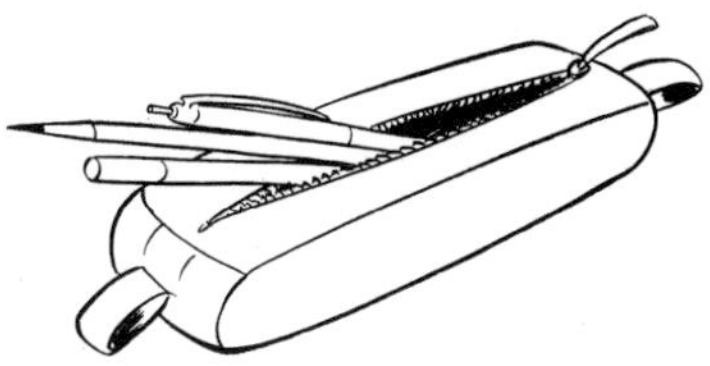

Schulwortschatz

markieren markiere! *to highlight*		die Markierung die Markierungen *the highlight*

Schulwortschatz

Schulwortschatz		
nennen nenne! *to name*		das Nennen – *the naming*

Schulwortschatz		
ordnen ordne! *to order*		die Ordnung – *the order*

Schulwortschatz		
		der Ordner die Ordner *the file*

Schulwortschatz		
		der Papierkorb die Papierkörbe *the waste-paper basket*

Schulwortschatz		
		die Pause die Pausen *the break*

	Montag	Dienstag
8:00-8:45	Deutsch	Mathematik
8:45-9:30	Deutsch	Englisch
9:30-9:50		
9:50-10:35	Englisch	Deutsch

Schulwortschatz		
		der Pausenhof die Pausenhöfe *the schoolyard*

Schulwortschatz		
radieren radiere! *to rub out*		**der Radiergummi** die Radiergummis *the rubber*

Schulwortschatz		
rechnen rechne! *to count*		die Rechnung die Rechnungen *the calculation*

Schulwortschatz		
		die Reihenfolge die Reihenfolgen *the order*

1 → 2 → 3 → 4 → 5 → ...

Schulwortschatz		
	richtig *right*	das Richtige – *the right answer*

1 + 1 = 2 ✓

Schulwortschatz

		die Schere die Scheren *the scissors*

Schulwortschatz

schreiben schreibe! *to write*		das Schreiben – *writing*

Schulwortschatz

		der Schulleiter/ **die Schulleiterin** die Schulleiter/-innen *the head teacher*

Schulwortschatz

	schwer *difficult*	

$$\int_a^b f(x)dx=F(b)-F(a)$$

Schulwortschatz

sehen sieh! *to see*		das Sehen – *seeing*

Schulwortschatz

		das Sekretariat die Sekretariate *the school office*

Schulwortschatz

spielen spiele! *to play*		das Spiel die Spiele *the game*

Schulwortschatz

spitzen spitze! *to sharpen*	spitz *sharp*	**der Spitzer** die Spitzer *the pencil sharpener*

Schulwortschatz

sprechen sprich! *to speak*		das Sprechen – *speaking*

Schulwortschatz

		der Stift die Stifte *the pen*

Schulwortschatz

		der Stuhl die Stühle *the chair*

Schulwortschatz

suchen suche! *to search*		die Suche die Suchen *the search*

Schulwortschatz

		die Tabelle die Tabellen *the table*

falsch	richtig

Schulwortschatz

		die Tafel die Tafeln *the blackboard*

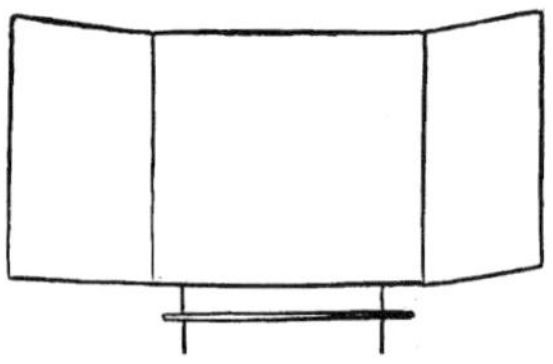

Schulwortschatz

		die Tasche die Taschen *the bag*

Schulwortschatz

		der Textmarker die Textmarker *the highlighter*

Schulwortschatz

		der Tisch die Tische *the table*

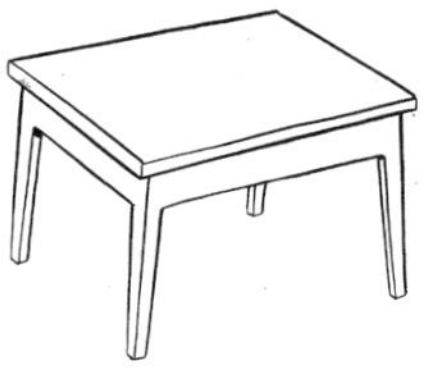

Schulwortschatz

überlegen überlege! *to consider*		die Überlegung die Überlegungen *the consideration*

Schulwortschatz

überprüfen überprüfe! *to check*		die Überprüfung die Überprüfungen *the check*

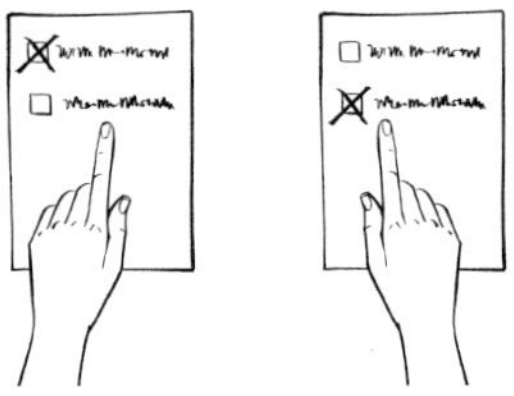

Schulwortschatz

übersetzen übersetze! *to translate*		die Übersetzung die Übersetzungen *the translation*

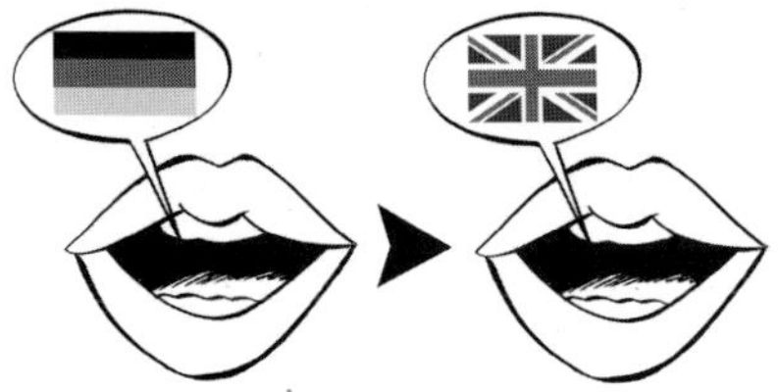

Schulwortschatz

Schulwortschatz

		die Uhr die Uhren *the clock*

Schulwortschatz

verbinden verbinde! *to connect*		die Verbindung die Verbindungen *the connection*

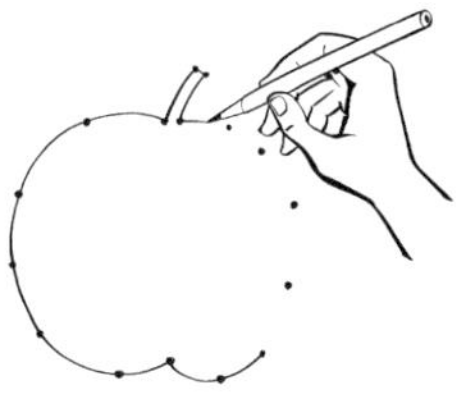

Schulwortschatz

wiederholen wiederhole! *to repeat*		die Wiederholung die Wiederholungen *the repetition*

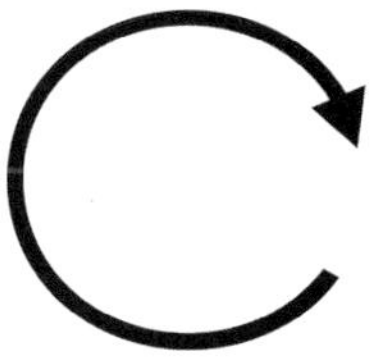

Schulwortschatz

		das Wort die Wörter *the word*

Wort

Schulwortschatz

		das Wörterbuch die Wörterbücher *the dictionary*

Schulwortschatz

zählen zähle! *to count*		**die Zahl** die Zahlen *the number*

1

Schulwortschatz

zeichnen zeichne! *to draw*		die Zeichnung die Zeichnungen *the drawing*

Schulwortschatz

zeigen zeige! *to show*		das Zeigen – *the showing*

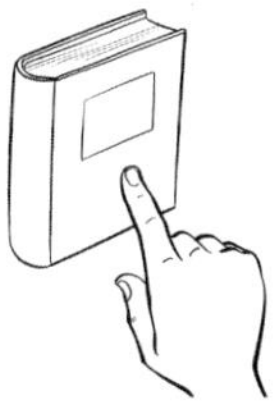

Schulwortschatz

	zeitlich *temporal*	**die Zeit** die Zeiten *the time*

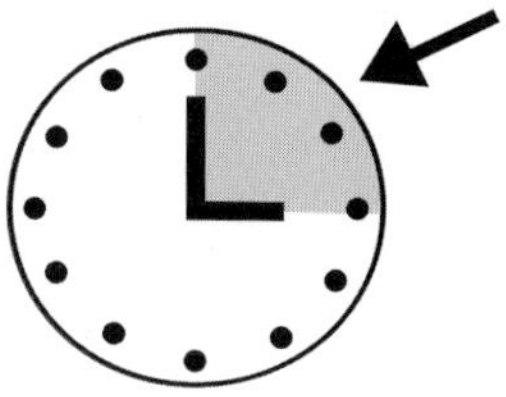

Schulwortschatz

zuordnen ordne zu! *to match*		die Zuordnung die Zuordnungen *the matching*

BAUM

Fachwortschatz

Fachwortschatz Chemie		
abgeben gib ab! *to release*		**die Abgabe** die Abgaben *the release*

Fachwortschatz Chemie		
ablaufen laufe ab! *to proceed*		der Ablauf die Abläufe *the sequence*

1. ➡ 2. ➡ 3. ✓

Fachwortschatz Chemie		
		der Aggregatzustand die Aggregatzustände *the aggregation state*

fest ➡ flüssig ➡ gasförmig

Fachwortschatz Chemie		
ändern ändere! *to modify*		die Änderung die Änderungen *the modification*

Fachwortschatz Chemie		
		die Anzahl die Anzahlen *the number*

2 4

Fachwortschatz Chemie		
		das Atom die Atome *the atom*

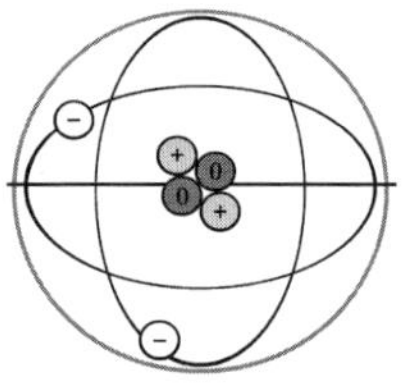

Fachwortschatz Chemie		
aufnehmen nimm auf! *to associate*		**die Aufnahme** die Aufnahmen *the association*

Fachwortschatz Chemie		
		das Becherglas die Bechergläser *the beaker glass*

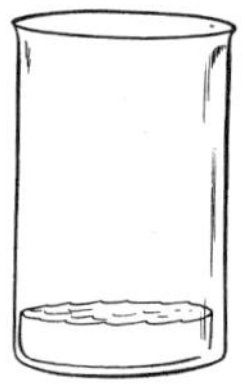

Fachwortschatz Chemie		
beobachten beobachte! *to observe*		**die Beobachtung** die Beobachtungen *the observation*

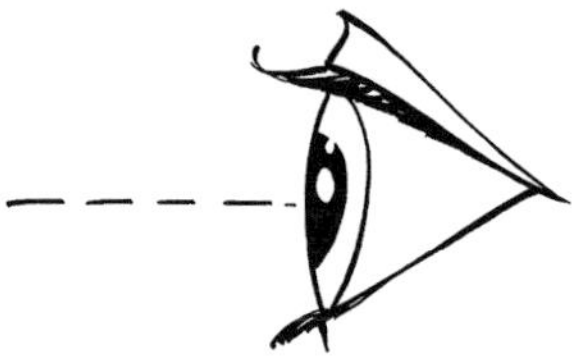

Fachwortschatz Chemie		
	chemisch *chemical*	die Chemie – *the chemistry*

Fachwortschatz

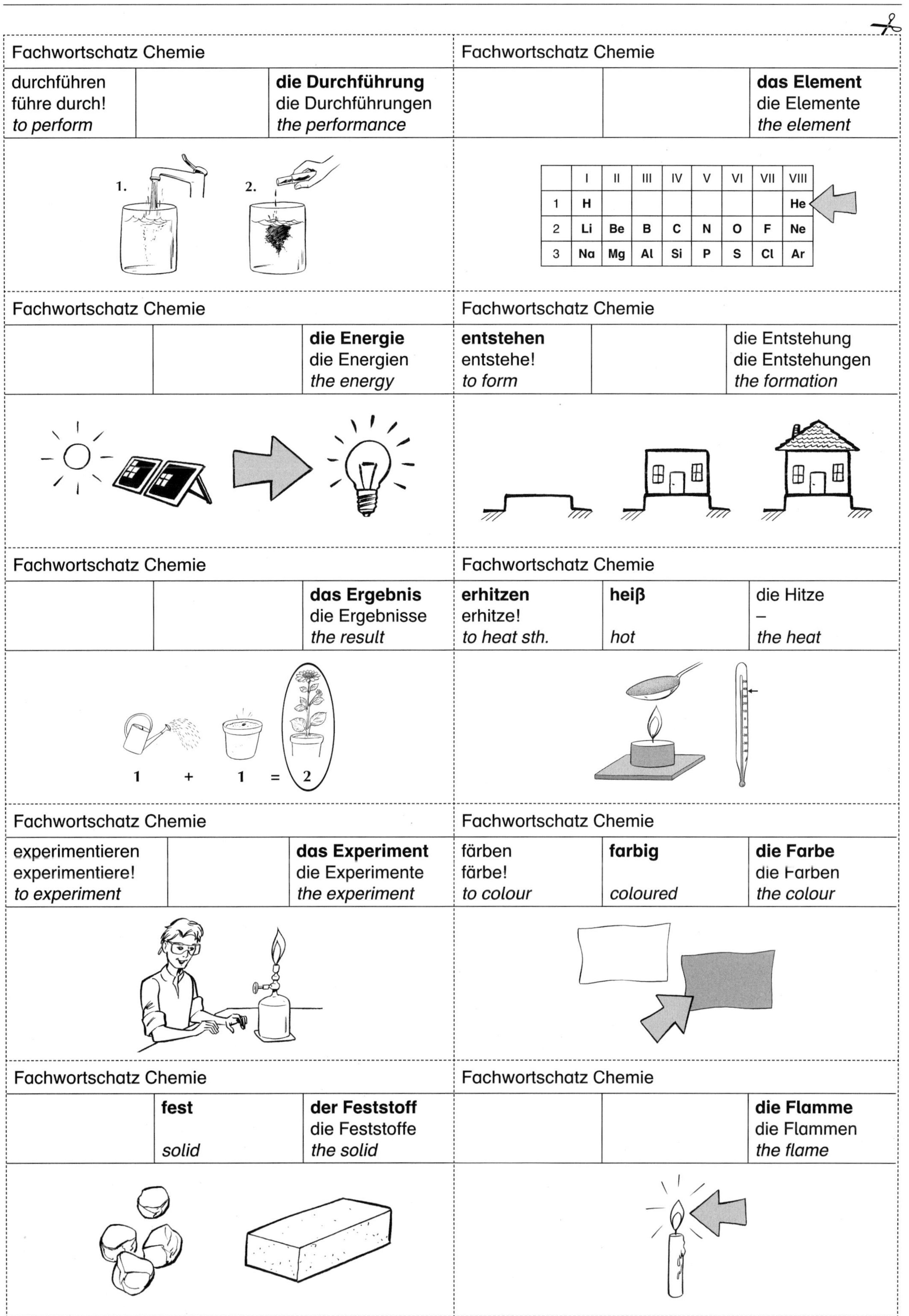

Fachwortschatz Chemie		
durchführen führe durch! *to perform*		**die Durchführung** die Durchführungen *the performance*

Fachwortschatz Chemie		
		das Element die Elemente *the element*

Fachwortschatz Chemie		
		die Energie die Energien *the energy*

Fachwortschatz Chemie		
entstehen entstehe! *to form*		die Entstehung die Entstehungen *the formation*

Fachwortschatz Chemie		
		das Ergebnis die Ergebnisse *the result*

Fachwortschatz Chemie		
erhitzen erhitze! *to heat sth.*	**heiß** *hot*	die Hitze – *the heat*

Fachwortschatz Chemie		
experimentieren experimentiere! *to experiment*		**das Experiment** die Experimente *the experiment*

Fachwortschatz Chemie		
färben färbe! *to colour*	**farbig** *coloured*	**die Farbe** die Farben *the colour*

Fachwortschatz Chemie		
	fest *solid*	**der Feststoff** die Feststoffe *the solid*

Fachwortschatz Chemie		
		die Flamme die Flammen *the flame*

Fachwortschatz

Fachwortschatz Chemie		
fließen fließe! *to flow*	**flüssig** *liquid*	**die Flüssigkeit** die Flüssigkeiten *the liquid*

Fachwortschatz		
	frei *free*	die Freiheit die Freiheiten *the freedom*

Fachwortschatz Chemie		
	gasförmig *gaseous*	**das Gas** die Gase *the gas*

Fachwortschatz Chemie		
		der Gasbrenner die Gasbrenner *the gas burner*

Fachwortschatz Chemie		
		die Kohlensäure – *the carbonic acid*

H_2CO_3

Fachwortschatz Chemie		
		das Kohlenstoffdioxid – *the carbon dioxide*

CO_2

Fachwortschatz Chemie		
laden lade! *to charge*		**die Ladung** die Ladungen *the charge*

Fachwortschatz Chemie		
		die Lauge die Laugen *the base*

Fachwortschatz Chemie		
		das Material die Materialien *the equipment*

Fachwortschatz Chemie		
nachweisen weise nach! *to prove sth.*		**der Nachweis** die Nachweise *the proof*

Fachwortschatz

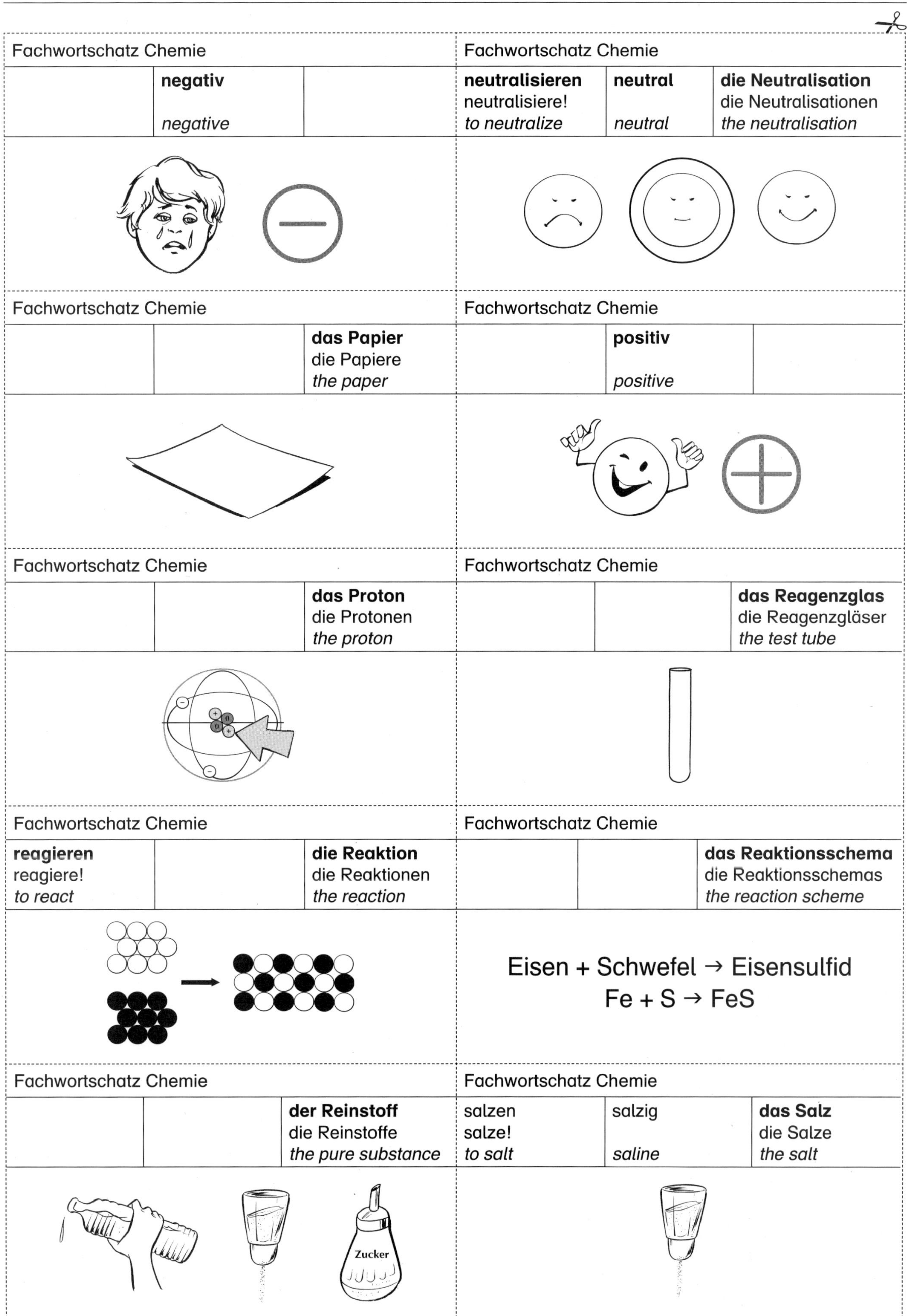

Fachwortschatz Chemie		
	negativ *negative*	

Fachwortschatz Chemie		
neutralisieren neutralisiere! *to neutralize*	**neutral** *neutral*	**die Neutralisation** die Neutralisationen *the neutralisation*

Fachwortschatz Chemie		
		das Papier die Papiere *the paper*

Fachwortschatz Chemie		
	positiv *positive*	

Fachwortschatz Chemie		
		das Proton die Protonen *the proton*

Fachwortschatz Chemie		
		das Reagenzglas die Reagenzgläser *the test tube*

Fachwortschatz Chemie		
reagieren reagiere! *to react*		**die Reaktion** die Reaktionen *the reaction*

Fachwortschatz Chemie		
		das Reaktionsschema die Reaktionsschemas *the reaction scheme*

Eisen + Schwefel → Eisensulfid

Fe + S → FeS

Fachwortschatz Chemie		
		der Reinstoff die Reinstoffe *the pure substance*

Fachwortschatz Chemie		
salzen salze! *to salt*	salzig *saline*	**das Salz** die Salze *the salt*

Fachwortschatz

Fachwortschatz Chemie		
	sandig *sandy*	**der Sand** – *the sand*

Fachwortschatz Chemie		
	sauer *acid*	**die Säure** die Säuren *the acid*

0 1 2 3 4 5 6 7 8 9 10 11 12 13 14

sauer ← neutral → alkalisch

HCl

Fachwortschatz Chemie		
		der Sauerstoff – *the oxygen*

O_2

Fachwortschatz Chemie		
schmelzen schmilz! *to melt*		das Schmelzen – *the melting*

Fachwortschatz Chemie		
		die Schmelztemperatur die Schmelztemperaturen *the melting temperature*

← 0 °C

Fachwortschatz Chemie		
sieden siede! *to boil*		**die Siedetemperatur** die Siedetemperaturen *the boiling temperature*

← 100 °C

Fachwortschatz Chemie		
		der Sinn **die Sinne** *the senses*

Fachwortschatz Chemie		
stellen stelle! *to put*		die Stelle die Stellen *the position*

Fachwortschatz Chemie		
		der Stickstoff – *the nitrogen*

N_2

Fachwortschatz Chemie		
		der Stoff die Stoffe *the chemical substance*

Fachwortschatz

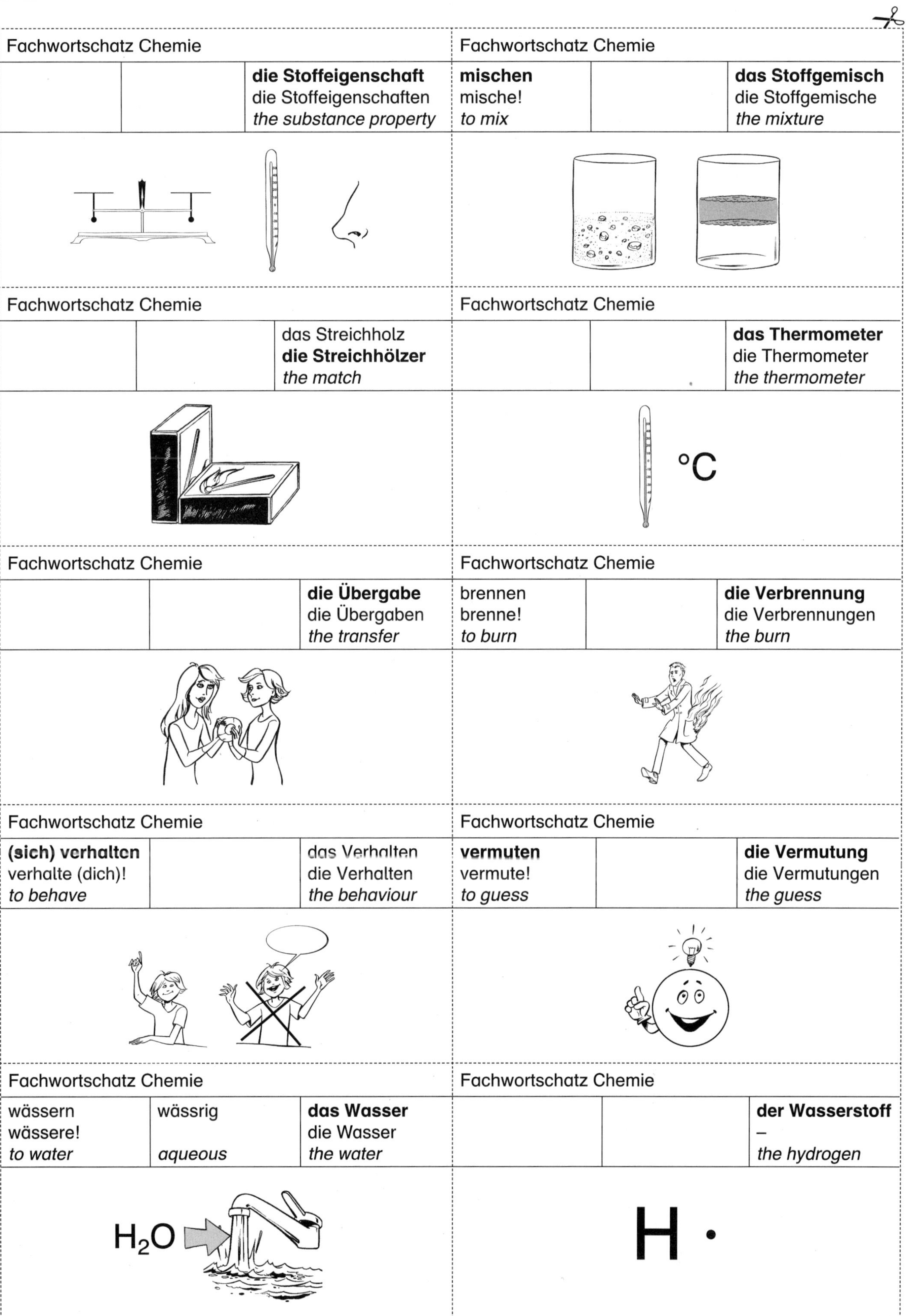

Fachwortschatz Chemie		
		die Stoffeigenschaft die Stoffeigenschaften *the substance property*

Fachwortschatz Chemie		
mischen mische! *to mix*		**das Stoffgemisch** die Stoffgemische *the mixture*

Fachwortschatz Chemie		
		das Streichholz **die Streichhölzer** *the match*

Fachwortschatz Chemie		
		das Thermometer die Thermometer *the thermometer*

Fachwortschatz Chemie		
		die Übergabe die Übergaben *the transfer*

Fachwortschatz Chemie		
brennen brenne! *to burn*		**die Verbrennung** die Verbrennungen *the burn*

Fachwortschatz Chemie		
(sich) verhalten verhalte (dich)! *to behave*		das Verhalten die Verhalten *the behaviour*

Fachwortschatz Chemie		
vermuten vermute! *to guess*		**die Vermutung** die Vermutungen *the guess*

Fachwortschatz Chemie		
wässern wässere! *to water*	wässrig *aqueous*	**das Wasser** die Wasser *the water*

Fachwortschatz Chemie		
		der Wasserstoff – *the hydrogen*

Verhalten im Chemieraum

Verhalten im Chemieraum

	ätzend *corrosive*	

Verhalten im Chemieraum

	brandfördernd *oxidising*	

Verhalten im Chemieraum

	entzündlich *inflammable*	

Verhalten im Chemieraum

	explosiv *explosive*	

Verhalten im Chemieraum

	gefährlich *dangerous*	**die Gefahr** die Gefahren *the danger*

Verhalten im Chemieraum

		das Gefahrensymbol die Gefahrensymbole *the danger symbol*

Verhalten im Chemieraum

	giftig *poisonous*	

Verhalten im Chemieraum

	krebserregend *carcinogenic*	

Verhalten im Chemieraum

	reizend *irritant*	

Verhalten im Chemieraum

	umweltgefährlich *environmentally dangerous*	

Verhalten im Chemieraum

1. Markiere das falsche Verhalten farbig.

2. Gefahr!

Schreibe unter (↓) das Gefahrensymbol das richtige Wort.

Wörter: reizend, giftig, brandfördernd, krebserregend, explosiv, komprimierte Gase, entzündlich, ätzend, umweltgefährlich

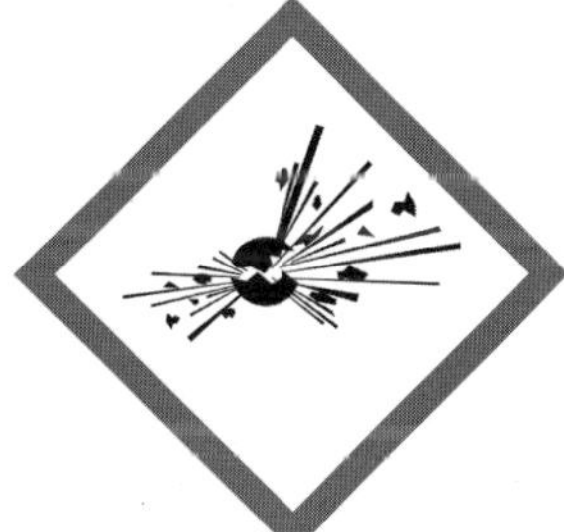

Lösung

Verhalten im Chemieraum

1.

1. Nicht über der Öffnung eines Gefäßes riechen.
2. Keine Kleidung auf dem Tisch liegen lassen.
3. Die Öffnung eines Gefäßes nicht auf Mitschüler halten!
4. Auf dem Tisch arbeiten!
5. Nicht essen und trinken!
6. Keine Taschen am/auf dem Arbeitsplatz.
7. Keine Chemikalien in den Abguss schütten!
8. Nicht in die Öffnung eines Gefäßes hineinschauen.
9. Den Gasbrenner nicht ohne Aufsicht stehen lassen!

2.

giftig

entzündlich

ätzend

explosiv

reizend

krebserregend

komprimierte Gase

umweltgefährlich

brandfördernd

Laborgeräte

Laborgeräte

		der Außenkegel die Außenkegel *the outside cone*

Laborgeräte

		das Brennerrohr die Brennerrohre *the burner tube*

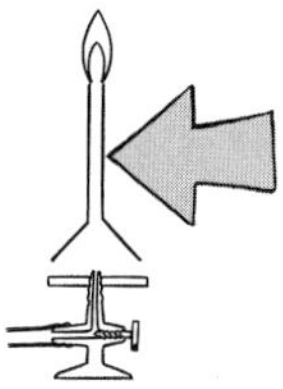

Laborgeräte

		die Gasdüse die Gasdüsen *the gas tip*

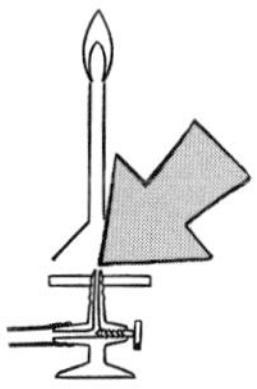

Laborgeräte

		die Gasregulierung die Gasregulierungen *the gas regulation*

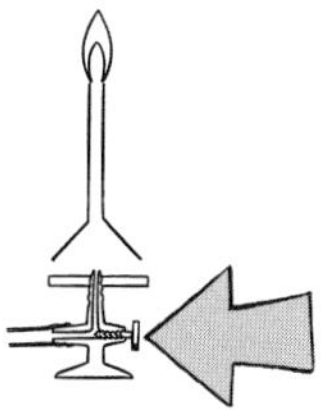

Laborgeräte

		der Innenkegel die Innenkegel *the inside cone*

Laborgeräte

leuchten leuchte! *to shine*		das Licht die Lichter the light

Laborgeräte

		die Luftzufuhr – *the air inlet*

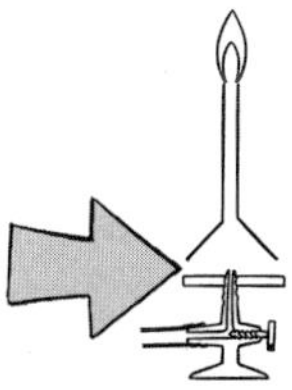

Laborgeräte

öffnen öffne! to open	**geöffnet** *open*	die Öffnung – *the opening*

Laborgeräte

schließen schließ! to close	**geschlossen** *closed*	die Schließung – *the closing*

Laborgeräte

1. a) Schreibe die richtigen Wörter unter (↓) die Bilder.
Wörter: Becherglas, Thermometer, Reagenzglas, Gasbrenner

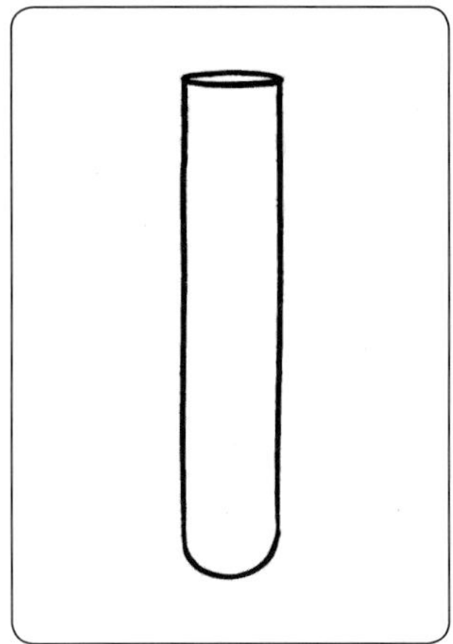

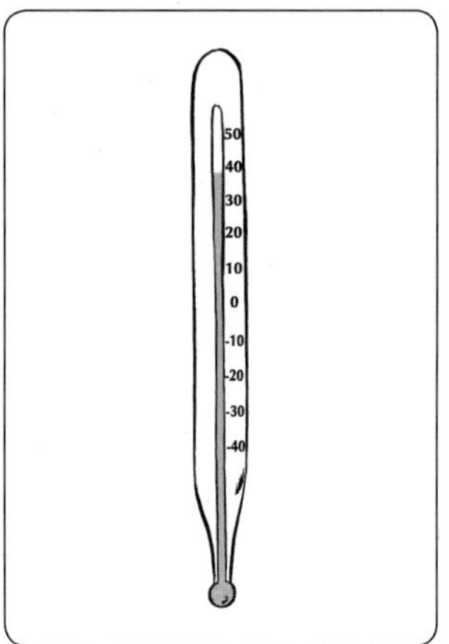

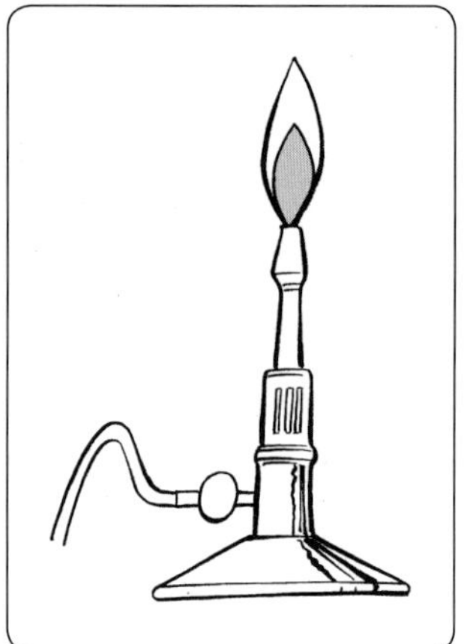

______ ______ ______ ______

b) Ordne (→ zuordnen) den Bildern die richtige Durchführung zu.

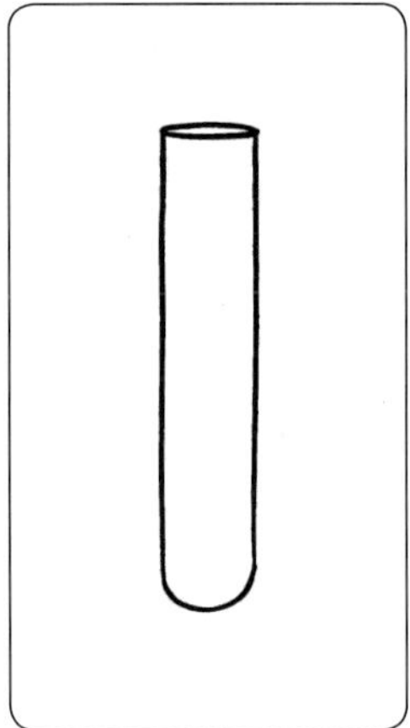

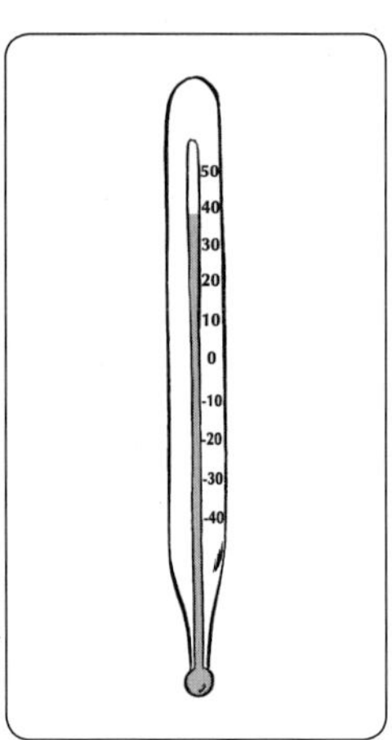

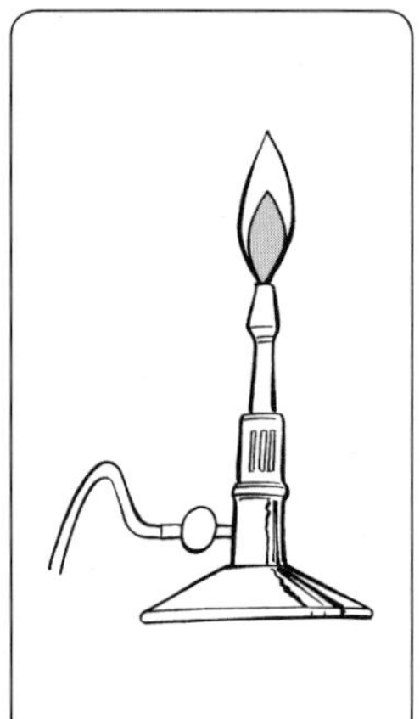

Mit diesem Laborgerät kann man Stoffe erhitzen.	Damit kann man die Siede-temperatur nachweisen.	Dort hinein kann man Wasser geben.	Auf dieses Laborgerät kann man andere Laborgeräte stellen.	In diesem Glas kann man Stoffe erhitzen.

Laborgeräte

1. Beschrifte das Bild mit diesen Wörtern:
Wörter: Brennerrohr, Innenkegel (300 °C), Gasregulierung, Luftzufuhr, heißeste (→ heiß) Zone (1 600 °C)

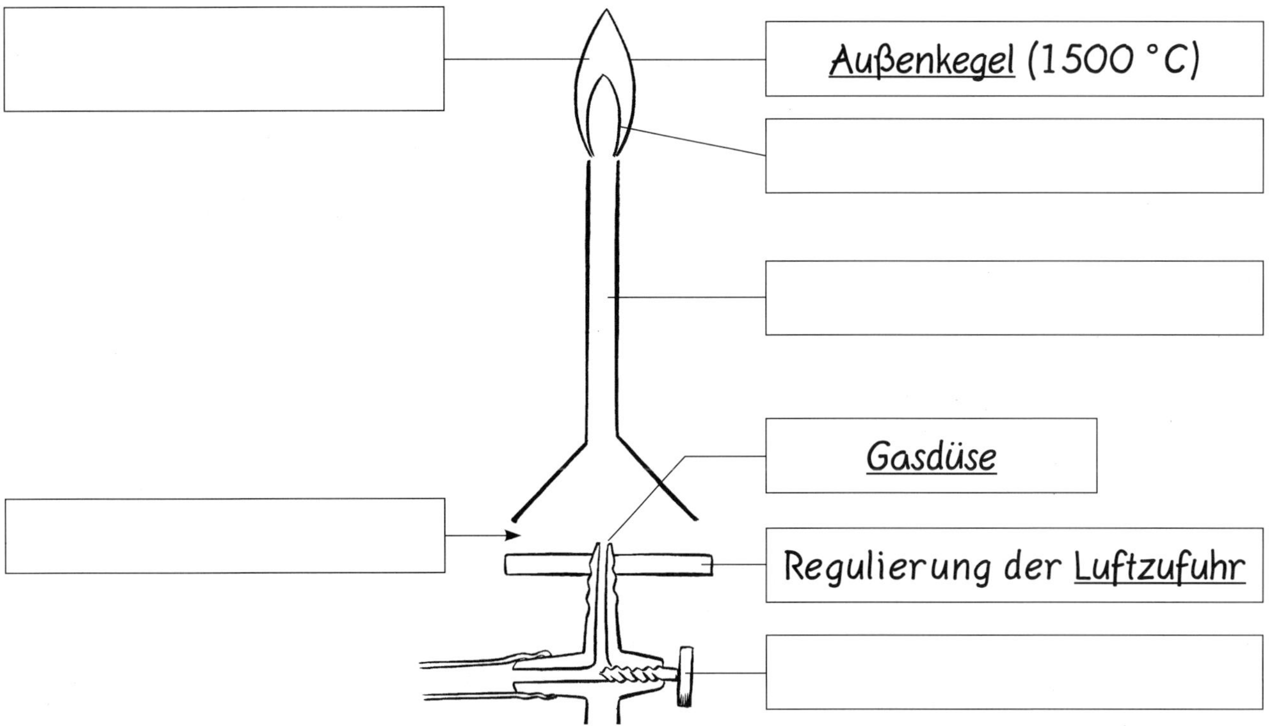

2. a) Zeichne die Flamme des Gasbrenners bei geschlossener (→ schließen) Luftzufuhr.

b) Zeichne die Flamme bei geöffneter (→ öffnen) Luftzufuhr.

c) Schreibe leuchtende (→ leuchten) Flamme oder rauschende Flamme darunter (↓).

Geschlossene (→ schließen) Luftzufuhr:	Geöffnete (→ öffnen) Luftzufuhr:
Diese Flamme nennt man: ____________________	Diese Flamme nennt man: ____________________

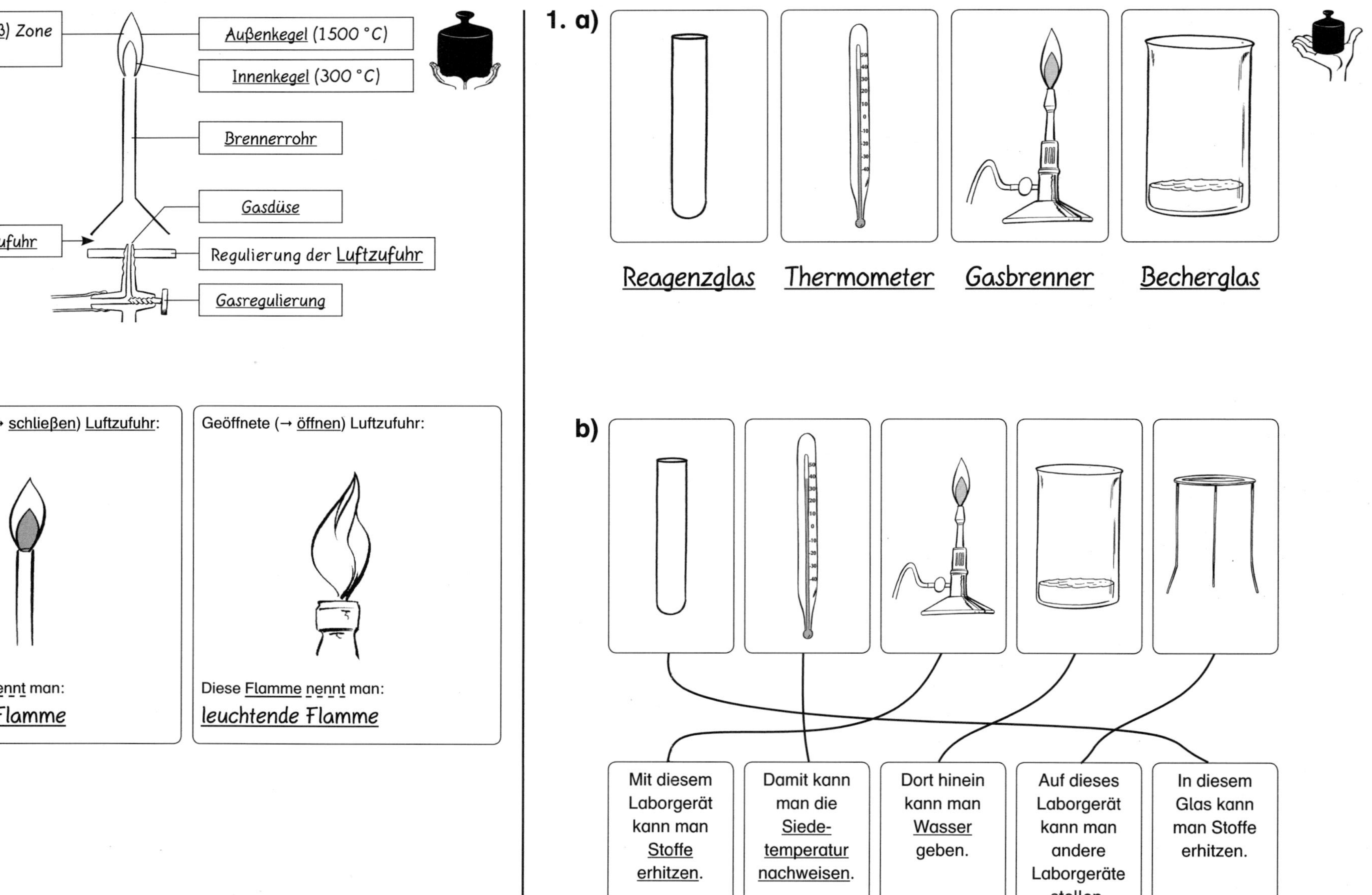
1. a)
Reagenzglas
Thermometer
Gasbrenner
Becherglas
b)
Mit diesem Laborgerät kann man Stoffe erhitzen.
Damit kann man die Siede-temperatur nachweisen.
Dort hinein kann man Wasser geben.
Auf dieses Laborgerät kann man andere Laborgeräte stellen.
In diesem Glas kann man Stoffe erhitzen.
1.
heißeste (→ heiß) Zone (1600 °C)
Außenkegel (1500 °C)
Innenkegel (300 °C)
Brennerrohr
Gasdüse
Luftzufuhr
Regulierung der Luftzufuhr
Gasregulierung
2.
Geschlossene (→ schließen) Luftzufuhr:
Diese Flamme nennt man:
rauschende Flamme
Geöffnete (→ öffnen) Luftzufuhr:
Diese Flamme nennt man:
leuchtende Flamme

Stoffeigenschaften mit den Sinnen wahrnehmen

fühlen fühle! *to feel*		das Gefühl die Gefühle *the feeling*

Stoffeigenschaften mit den Sinnen wahrnehmen

	geruchlos *odourless*	

Stoffeigenschaften mit den Sinnen wahrnehmen

		die Oberflächenbeschaffenheit die Oberflächenbeschaffenheiten *the surface condition*

Stoffeigenschaften mit den Sinnen wahrnehmen

riechen rieche! *to smell*		**der Geruch** die Gerüche *the smell*

Stoffeigenschaften mit den Sinnen wahrnehmen

schmecken schmecke! *to taste*		**der Geschmack** die Geschmäcker *the taste*

Stoffeigenschaften mit den Sinnen wahrnehmen

		die Schokolade die Schokoladen *the chocolate*

Stoffeigenschaften mit den Sinnen wahrnehmen

1. Schreibe die richtigen Wörter unter (↓) die Bilder.
Wörter: fühlen, hören, sehen, schmecken, riechen

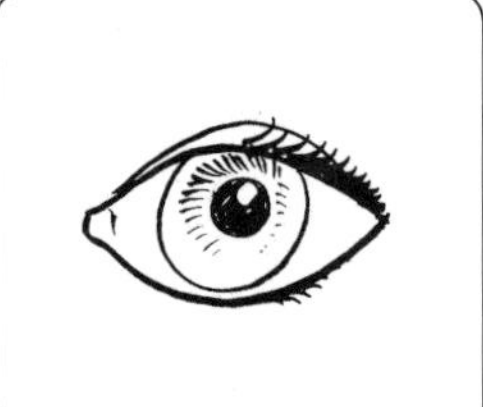  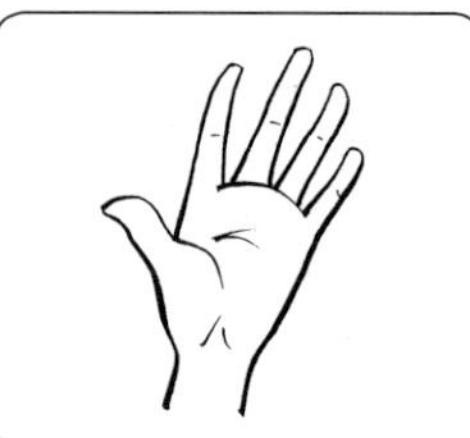  

______ ______ ______ ______ ______

2. Mit welchem Sinn können wir die Stoffeigenschaften wahrnehmen?
Kreuze (→ ankreuzen) die richtigen Sinne an.

	Farbe	**Geruch**	**Geschmack**	**Aggregat-zustand**	**Oberflächen-beschaffenheit**
sehen					
riechen					
schmecken					
hören					
fühlen					

3. Verbinde die Bilder mit den richtigen Wörtern.

braun/schwarz/weiß	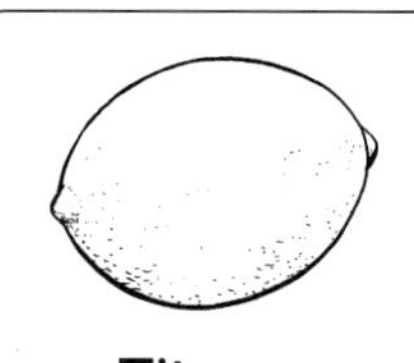 Zitrone	farblos
geruchlos		fest
gelb	 Schokolade	süßer Geschmack
flüssig		geschmacklos
süßlicher Geruch	 Wasser	schmeckt sauer
säuerlicher/süßer Geruch		fest

Stoffeigenschaften mit den Sinnen wahrnehmen

1.

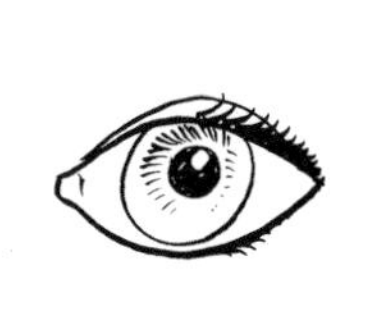

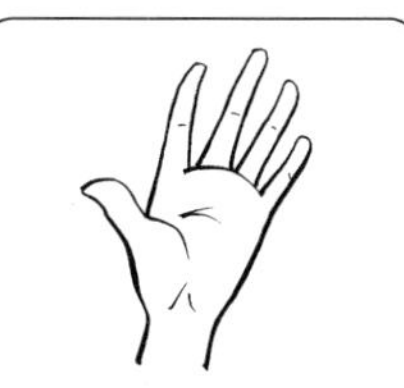

sehen riechen fühlen hören schmecken

2.

	Farbe	Geruch	Geschmack	Aggregat-zustand	Oberflächen-beschaffenheit
sehen	✗			✗	
riechen		✗			
schmecken			✗		
hören					
fühlen				✗	✗

3.

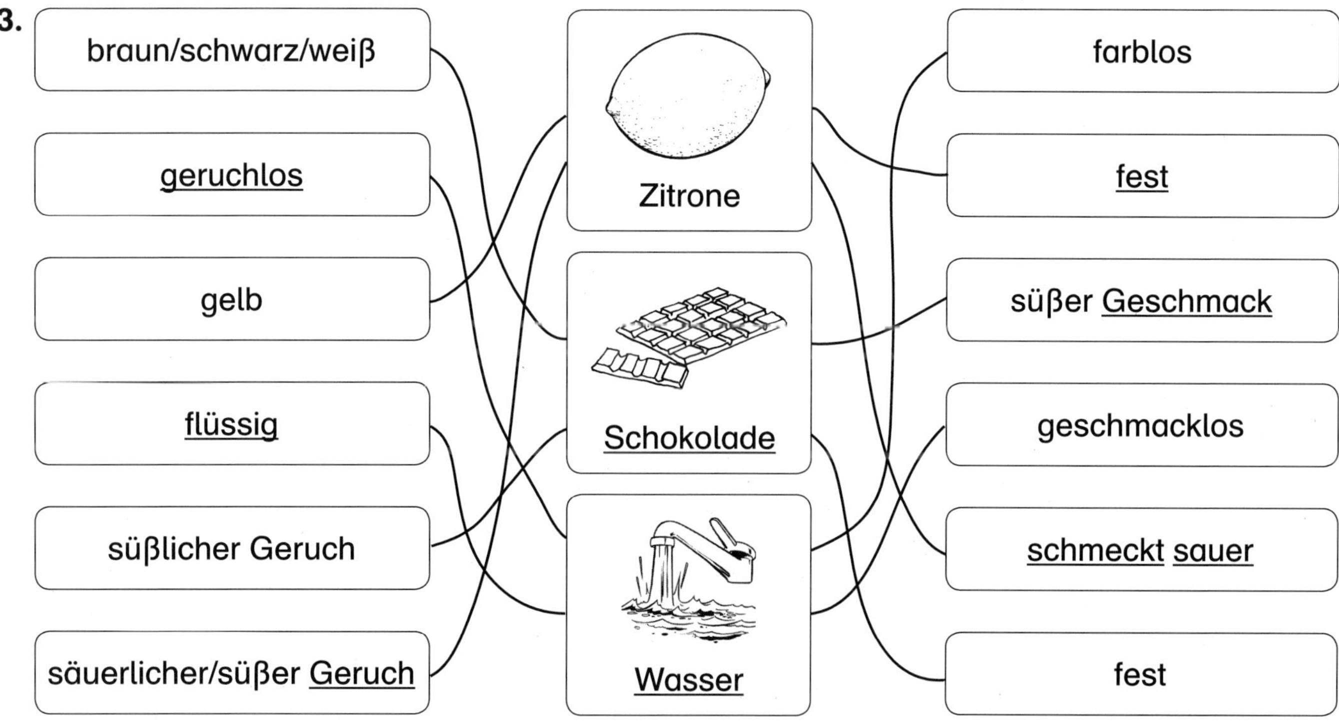

Aggregatzustände

Aggregatzustände		
		der Alkohol die Alkohole *the alcohol*

Aggregatzustände		
gefriere gefriere! *to freeze*		

Aggregatzustände		
erhöhen erhöhe! *to increase*	**hoch** *high*	die Höhe – *the height*

Aggregatzustände		
kondensieren kondensiere! *to condense*		**die Kondensation** die Kondensationen *the condensation*

Aggregatzustände		
	niedrig *low*	

Aggregatzustände		
resublimieren resublimiere! *to resublimate*		die Resublimation – the desublimation

Aggregatzustände		
		die Skala die Skalen *the scale*

Aggregatzustände		
verdampfen verdampfe! *to evaporate*		**der Dampf** die Dämpfe *the vapour*

Arbeitsblatt

Aggregatzustände

1. Beschrifte das Bild mit diesen Wörtern.
Wörter: fest, flüssig, verdampfen, gefrieren, schmelzen, sublimieren

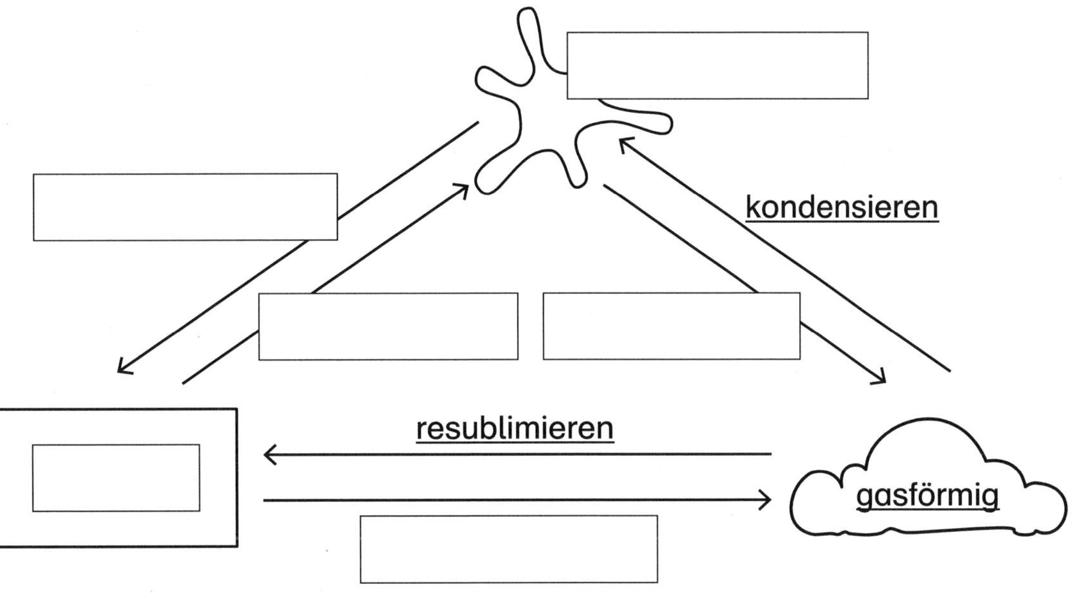

2. Verbinde die Aggregatzustände mit den richtigen Bildern.

fest	flüssig	gasförmig

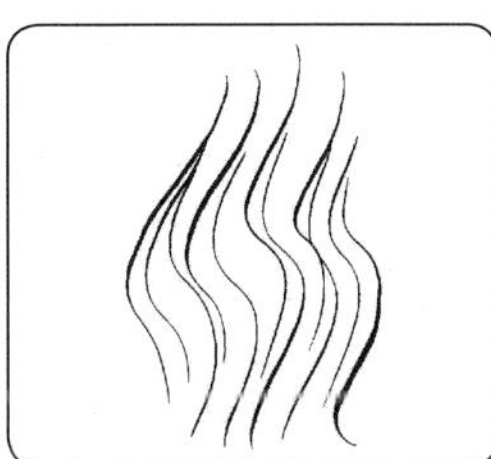

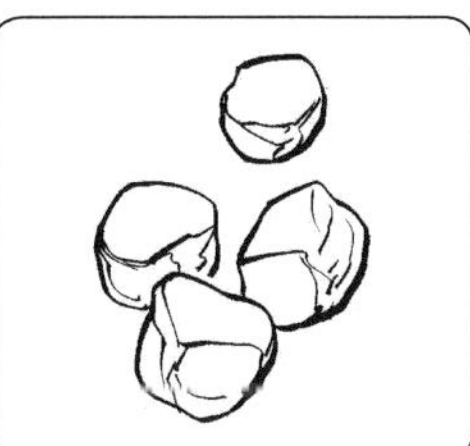

3. a) Markiere auf dem Thermometer alle Temperaturen blau, bei denen Wasser im festen Aggregatzustand ist.

b) Markiere alle Temperaturen grün, bei denen Wasser flüssig ist.

c) Markiere alle Temperaturen rot, bei denen Wasser gasförmig ist.

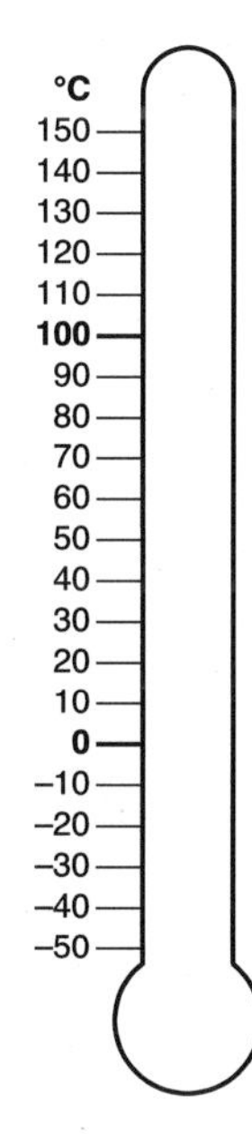

Aggregatzustände

1. a) Zeichne eine Temperaturskala von –50 °C bis +150 °C.

   b) Markiere alle Temperaturen blau, bei denen Wasser im festen Aggregatzustand ist.

   c) Markiere alle Temperaturen grün, bei denen Wasser flüssig ist.

   d) Markiere alle Temperaturen rot, bei denen Wasser gasförmig ist.

2. a) Kreuze (→ ankreuzen) an, welche Stoffe bei diesen Temperaturen ihren Aggregatzustand von fest zu flüssig ändern.

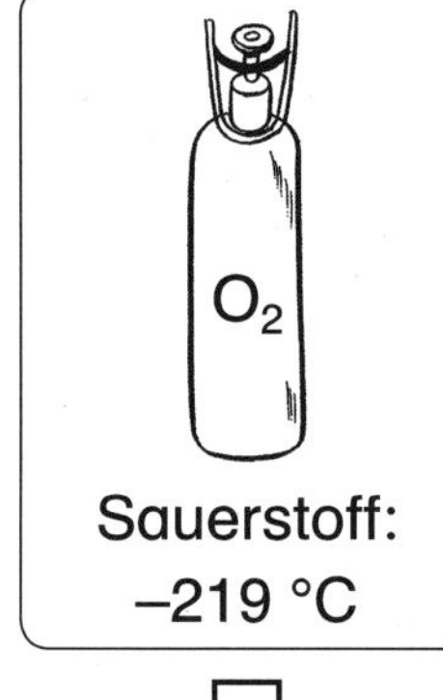

Sauerstoff: –219 °C ☐

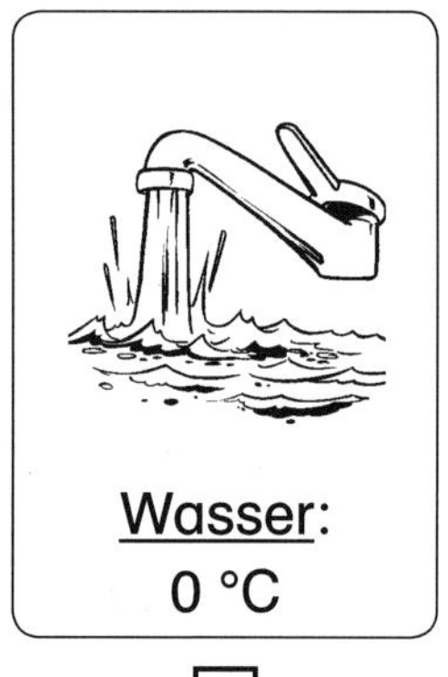

Wasser: 0 °C ☐

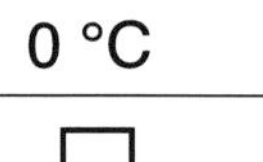

Alkohol: 0 °C ☐

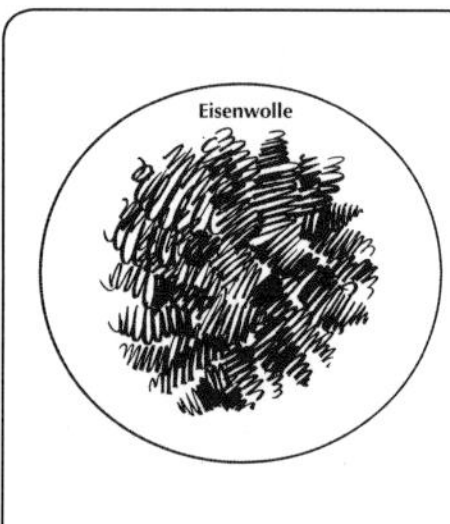

Eisen: 235 °C ☐

Gold: 1 064 °C ☐

   b) Kreuze (→ ankreuzen) die richtige Antwort an.

- ☐ Gasförmige Stoffe haben eine höhere (→ hoch) Schmelztemperatur als feste Stoffe.
- ☐ Feste Stoffe haben eine höhere Schmelztemperatur als gasförmige Stoffe.
- ☐ Gasförmige Stoffe haben die niedrigsten (→ niedrig) Schmelztemperaturen.
- ☐ Flüssige Stoffe haben die niedrigsten Schmelztemperaturen.
- ☐ Gasförmige Stoffe haben eine niedrigere Schmelztemperatur als flüssige Stoffe.

1.

2.

3. a)

Julien Bettner: Chemieunterricht mit DaZ-Schülern 5–10

1.

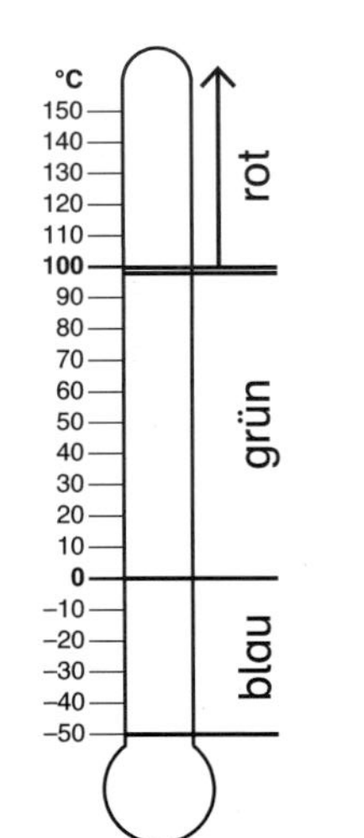

2. a)

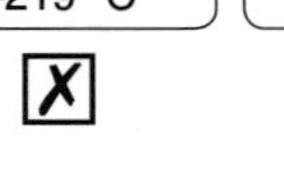

Sauerstoff: −219 °C [X]

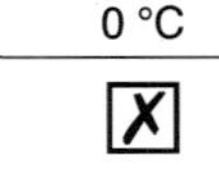
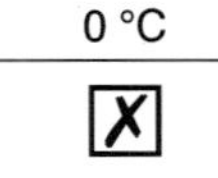
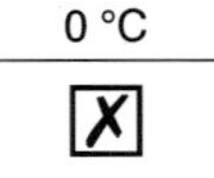
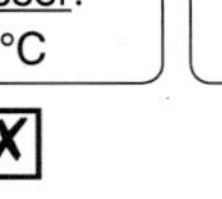
Wasser: 0 °C [X]

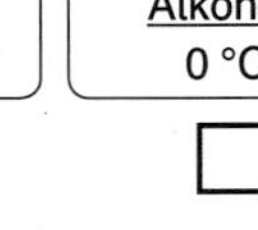
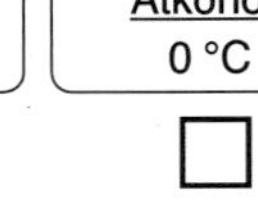
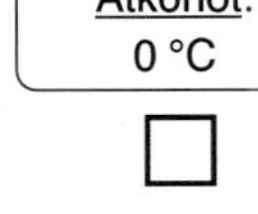
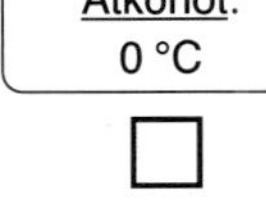
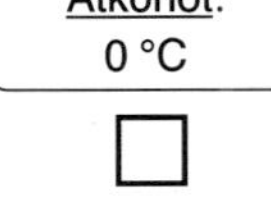
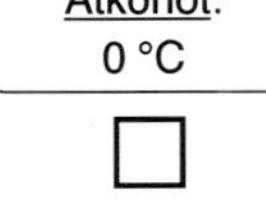
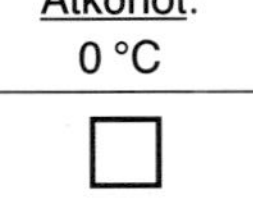
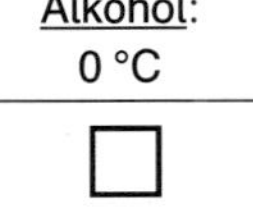
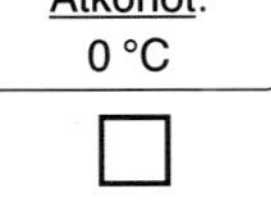
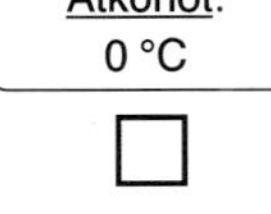
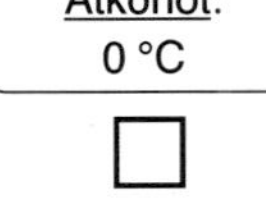
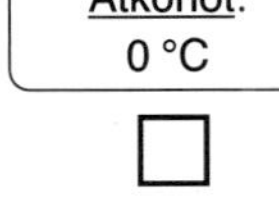
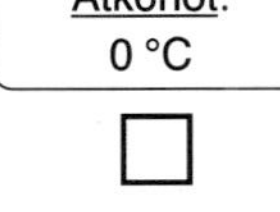
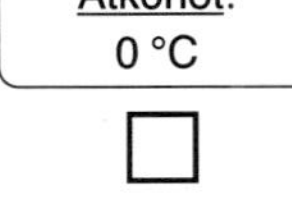
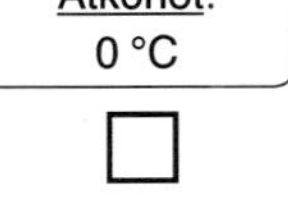
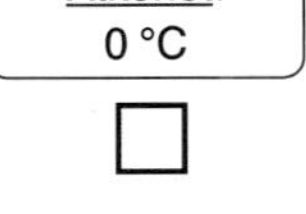
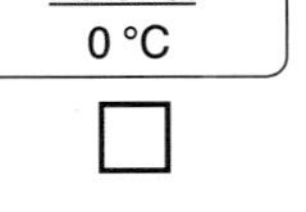
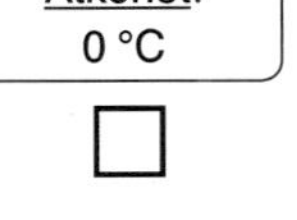
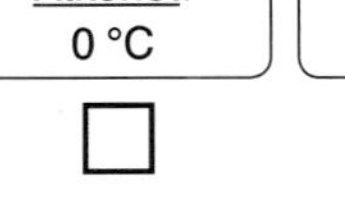
Alkohol: 0 °C [ ]

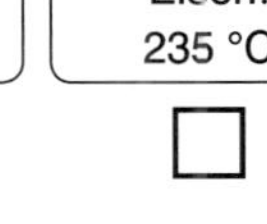
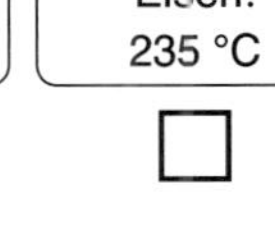
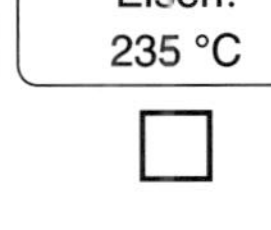
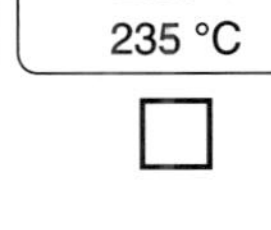
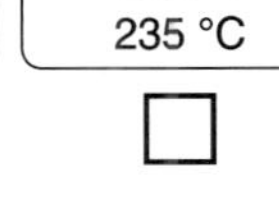
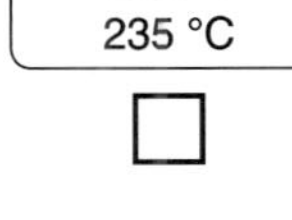
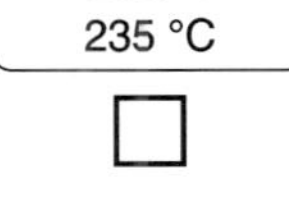
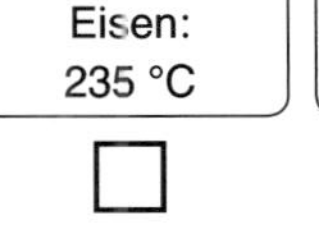

Eisen: 235 °C [ ]

Gold: 1 064 °C [X]

b)
- [ ] Gasförmige Stoffe haben eine höhere (→ hoch) Schmelztemperatur als feste Stoffe.
- [X] Feste Stoffe haben eine höhere Schmelztemperatur als gasförmige Stoffe.
- [X] Gasförmige Stoffe haben die niedrigsten (→ niedrig) Schmelztemperaturen.
- [ ] Flüssige Stoffe haben die niedrigsten Schmelztemperaturen.
- [X] Gasförmige Stoffe haben eine niedrigere Schmelztemperatur als flüssige Stoffe.

Siedetemperatur/Schmelztemperatur		
		der Dreifuß die Dreifüße *the tripod*

Siedetemperatur/Schmelztemperatur		
messen miss! *to measure*		die Messung die Messungen *the measurement*

Siedetemperatur/Schmelztemperatur		
		die Raumtemperatur die Raumtemperaturen *the room temperature*

20° C
10
0
0
-10
-20

Siedetemperatur/Schmelztemperatur		
		das Silber – *the silver*

Ag

Siedetemperatur/Schmelztemperatur		
		der Zucker die Zucker *the sugar*

Zucker

Schmelztemperatur

1. Schmelztemperatur von Wasser

Vermutung: Kreuze (→ ankreuzen) deine Vermutung an.

Ich vermute, dass Wasser bei

- ☐ 30 °C schmilzt (→ schmelzen).
- ☐ 8 °C schmilzt.
- ☐ 0 °C schmilzt.

Material:

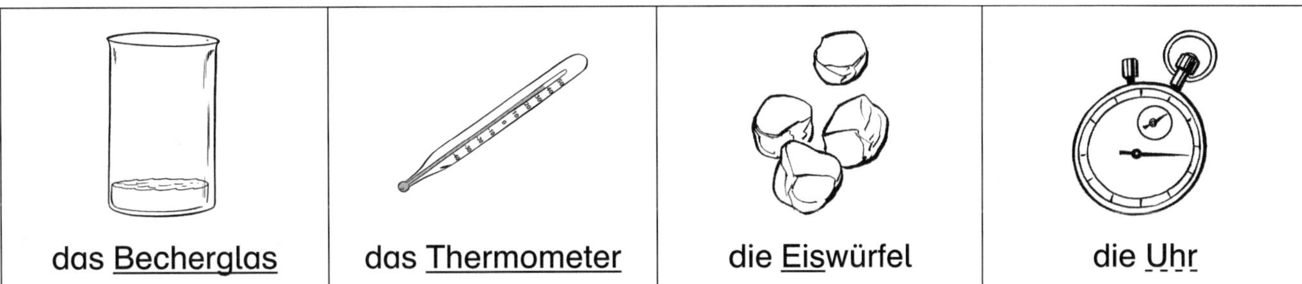

das Becherglas | das Thermometer | die Eiswürfel | die Uhr

Durchführung:

Beobachtung:
Zeichne deine Beobachtung in das Becherglas und in das Thermometer.

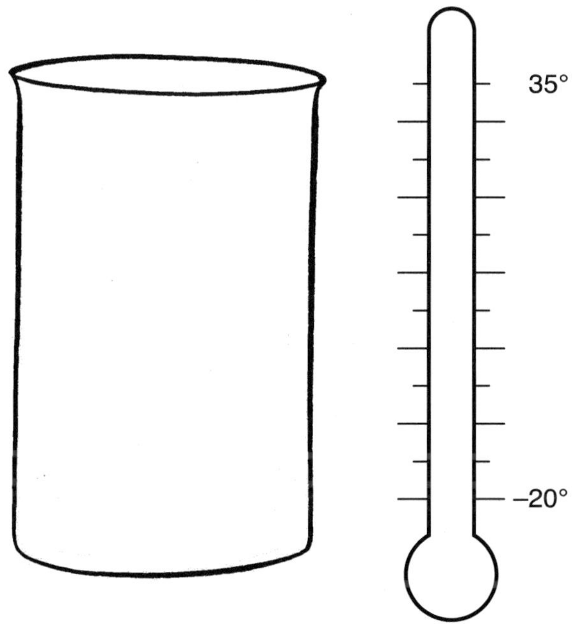

Ergebnis:

Wasser hat eine Schmelztemperatur

von ________ °C.

Das Wasser ändert den Aggregatzustand

von ______________ zu ______________.

2. Markiere alle Stoffe, die bei Raumtemperatur (20 °C) fest sind.

der Sand

das Wasser

der Sauerstoff

der Zucker

das Silber

Siedetemperatur

1. Frage: Bei welcher Temperatur siedet Wasser?

Vermutung: Kreuze (→ ankreuzen) deine Vermutung an.

Ich vermute, dass Wasser bei

- ☐ 100 °C siedet.
- ☐ 85 °C siedet.
- ☐ 55 °C siedet.

Material:

 das Becherglas	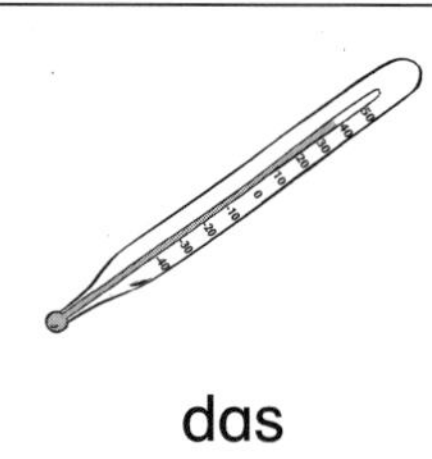 das Thermometer	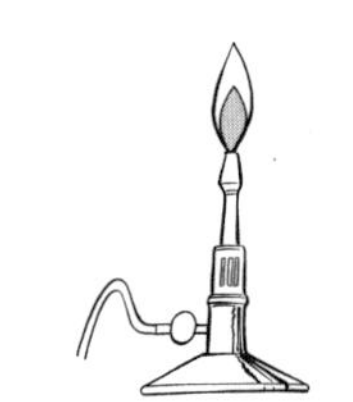 der Gasbrenner	 das Wasser	 der Dreißfuß

Durchführung:

1. Fülle das Becherglas mit Wasser.
2. Stelle ein Thermometer in das Becherglas.
3. Stelle das Becherglas auf einen Dreifuß.
4. Zünde (→ anzünden) den Gasbrenner an und stelle den Dreifuß mit dem Becherglas darüber.
5. Miss (→ messen) die Temperatur nach allen 20 Sekunden.

Beobachtung:

Zeichne deine Beobachtung in das Thermometer.

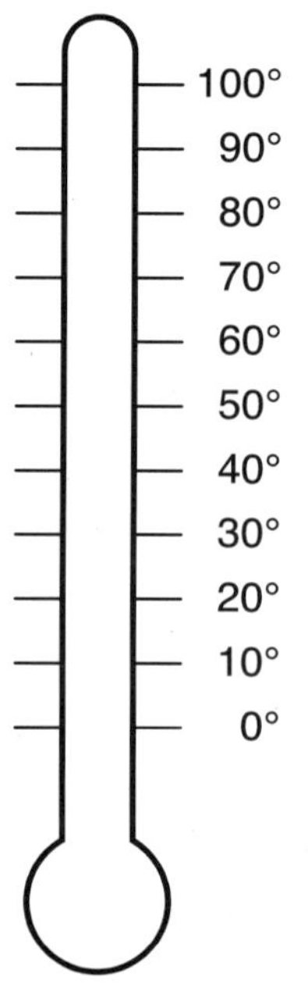

Ergebnis:

Wasser hat eine Siedetemperatur

von ________ °C.

Das Wasser ändert den Aggregatzustand

von ______________ zu ______________.

Schmelztemperatur/Siedetemperatur

1. Vermutung: Ich vermute, dass Wasser bei

- [ ] 30 °C schmilzt (→ schmelzen).
- [ ] 8 °C schmilzt.
- [x] 0 °C schmilzt.

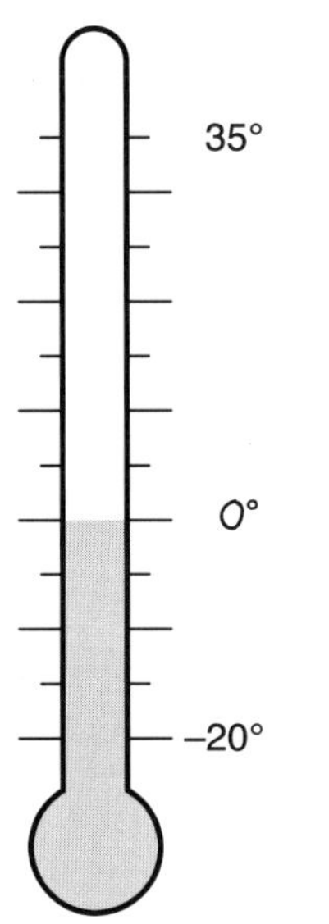

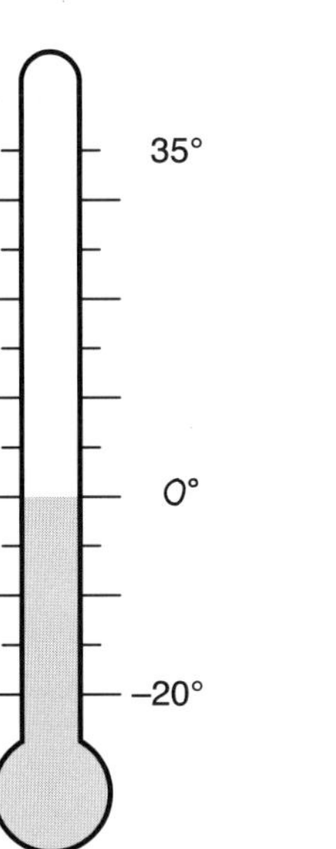

Beobachtung:

Ergebnis:

Wasser hat eine Schmelztemperatur von *0* °C.

Das Wasser ändert den Aggregatzustand von *fest* zu *flüssig*.

2.

der Sand

das Wasser

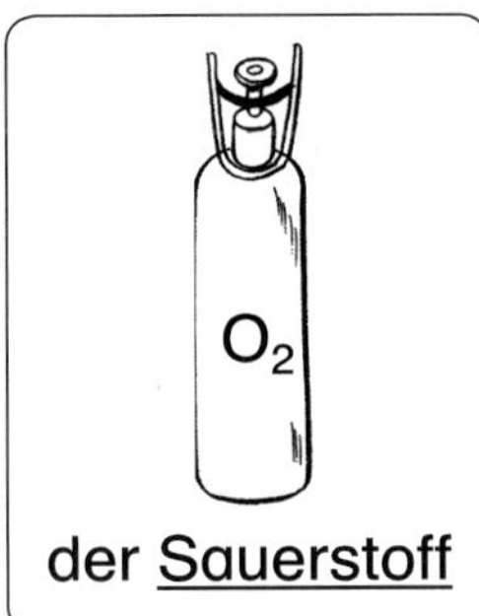

der Sauerstoff

der Zucker

das Silber

---

1. Vermutung: Ich vermute, dass Wasser bei

- [x] 100 °C siedet.
- [ ] 85 °C siedet.
- [ ] 55 °C siedet.

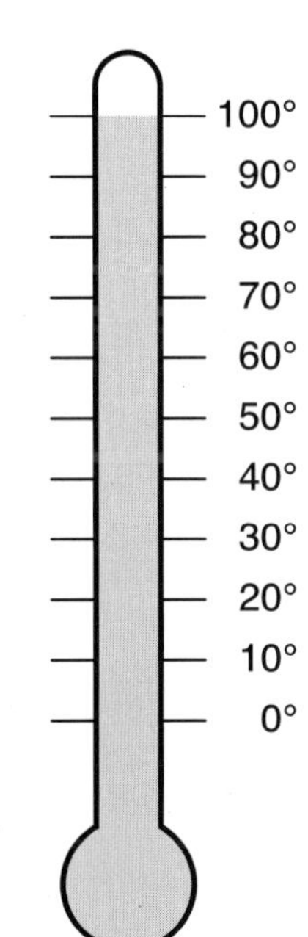

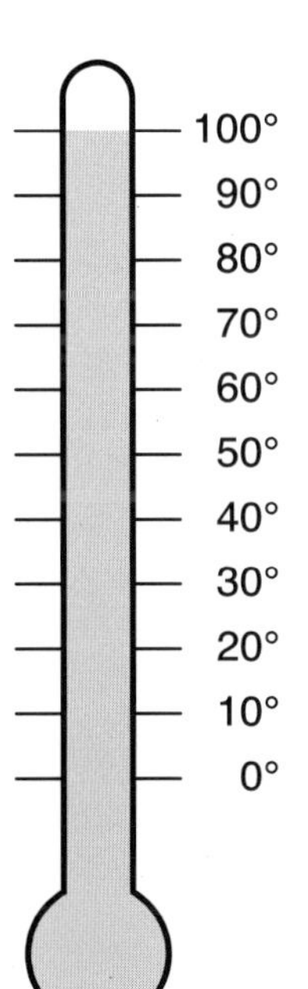

Beobachtung:

Ergebnis:

Wasser hat eine Siedetemperatur

von *100* °C.

Das Wasser ändert den Aggregatzustand

von *flüssig* zu *gasförmig*.

Chemische Reaktion

Chemische Reaktion

		der Ausgangsstoff **die Ausgangsstoffe** *the simple substance*

A + B → C

Chemische Reaktion

		der Endstoff **die Endstoffe** *the complex substance*

A + B → C + D

Chemische Reaktion

	magnetisch *magnetic*	**der Magnet** die Magnete *the magnet*

Chemische Reaktion

	miteinander *together*	das Miteinander – *the cooperation*

Chemische Reaktion

		das Periodensystem – *the periodic table*

	I	II	III	IV	V	VI	VII	VIII
1	H							He
2	Li	Be	B	C	N	O	F	Ne
3	Na	Mg	Al	Si	P	S	Cl	Ar
4	K	Ca	Ga	Ge	As	Se	Br	Kr
5	Rb	Sr	In	Sn	Sb	Te	I	Xe
6	Cs	Ba	Tl	Pb	Bi	Po	At	Rn

Chemische Reaktion

		die Stoffumwandlung die Stoffumwandlungen *the chemical change*

Sand + H_2O →

1. Frage: Wie reagieren Eisen und Schwefel miteinander?

Vermutung: Kreuze (→ ankreuzen) deine Vermutung an.

Ich vermute:

- ☐ Schwefel und Eisen reagieren nicht miteinander.
- ☐ Nach der Reaktion ist der neue Stoff magnetisch.
- ☐ Schwefel und Eisen haben miteinander reagiert.
- ☐ Nach der Reaktion ist der neue Stoff nicht magnetisch.

Material:

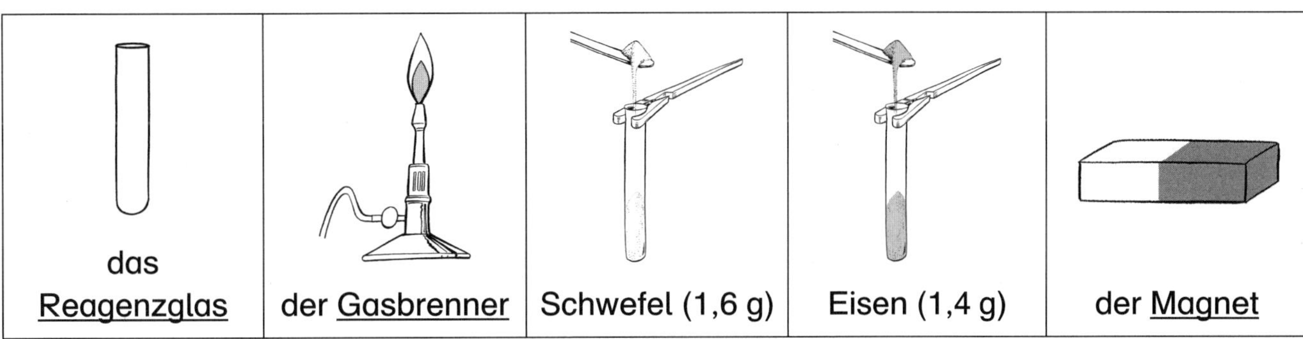

Durchführung:

a) Fülle das Eisen und den Schwefel in das Reagenzglas.

b) Erhitze das Reagenzglas mit einem Reagenzglashalter über dem Gasbrenner.

c) Überprüfe den Stoff mit einem Magneten.

Beobachtung: Kreuze (→ ankreuzen) die richtigen Beobachtungen an.

- ☐ Schwefel und Eisen reagieren nicht miteinander.
- ☐ Nach der Reaktion ist der neue Stoff magnetisch.
- ☐ Schwefel und Eisen haben miteinander reagiert.
- ☐ Nach der Reaktion ist der neue Stoff nicht magnetisch.

Ergebnis: Schreibe die richtigen Wörter in die Lücken.

Wörter: Stoffumwandlung, Stoffeigenschaften

Eine chemische Reaktion beschreibt eine ______________________________.

Dabei entstehen neue Stoffe mit neuen ______________________________.

Chemische Reaktion

1. Fülle das Reaktionsschema mit den richtigen Wörtern aus.

a) *Wörter: Ausgangsstoff (Edukt), Endstoff (Produkt), Ausgangsstoff (Edukt)*

________________ + ________________ → ________________

b) *Wörter: Schwefel, Eisensulfid, Eisen*

________________ + ________________ → ________________

Reaktionen mit
Brom = -bromid,
Sauerstoff = -oxid,
Fluor = -fluorid,
Chlor = -chlorid

2. Schreibe von diesen Reaktionen das Reaktionsschema.

a) Magnesium reagiert mit Sauerstoff.

________________ + ________________ → ________________

b) Aluminium reagiert mit Chlor.

________________ + ________________ → ________________

c) Kupfer reagiert mit Brom.

________________ + ________________ → ________________

3. Aus welchen Elementen bestehen diese Verbindungen? Lerne mit einem Periodensystem.

a) Eisenbromid: ________________________________

b) Aluminiumoxid: ________________________________

c) Natriumchlorid: ________________________________

d) Kupfersulfid: ________________________________

e) Calciumfluorid: ________________________________

1. Beobachtung:

- [ ] Schwefel und Eisen reagieren nicht miteinander.
- [ ] Nach der Reaktion ist der neue Stoff magnetisch.
- [x] Schwefel und Eisen haben miteinander reagiert.
- [x] Nach der Reaktion ist der neue Stoff nicht magnetisch.

Ergebnis:

Eine chemische Reaktion beschreibt eine *Stoffumwandlung*.

Dabei entstehen neue Stoffe mit neuen *Stoffeigenschaften*.

1. a) *Ausgangsstoff (Edukt) + Ausgangsstoff (Edukt) → Endstoff (Produkt)*

b) *Schwefel + Eisen → Eisensulfid*

2. a) Magnesium reagiert mit Sauerstoff.

Magnesium + Sauerstoff → Magnesiumoxid

b) Aluminium reagiert mit Chlor.

Aluminium + Chlor → Aluminiumchlorid

c) Kupfer reagiert mit Brom.

Kupfer + Brom → Kupferbromid

3. a) Eisenbromid: *Eisen + Brom*

b) Aluminiumoxid: *Aluminium + Sauerstoff*

c) Natriumchlorid: *Natrium + Chlor*

d) Kupfersulfid: *Kupfer + Schwefel*

e) Calciumfluorid: *Calcium + Fluor*

Energie

Energie		
	elektrisch *electrical*	die Elektrizität die Elektrizität *the electricity*

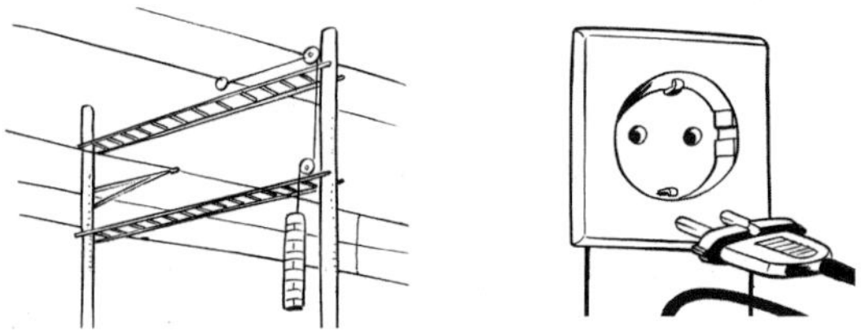

Energie		
	endotherm *endothermic*	

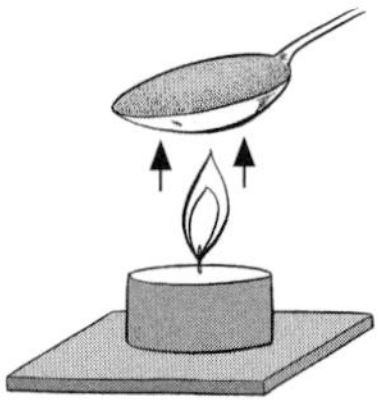

Energie		
	exotherm *exothermic*	

Energie		
		die Form die Formen the form

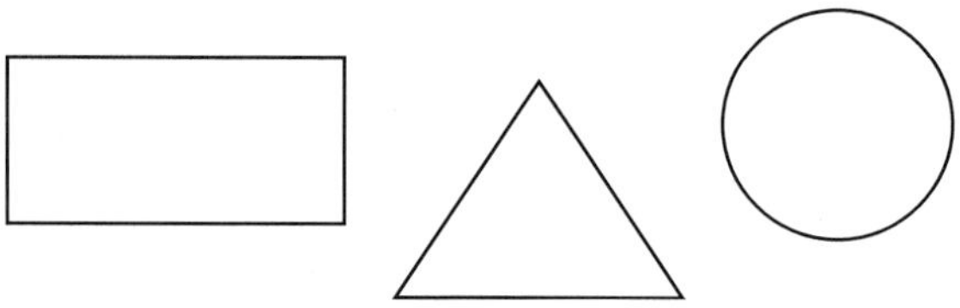

Energie		
hinzugeben gib hinzu! *to add sth.*		das Hinzugeben – *the addition*

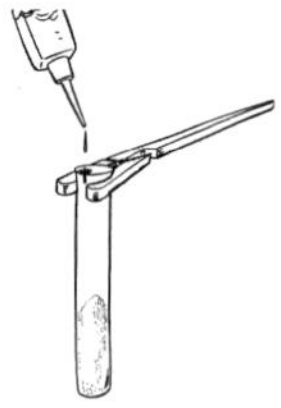

Energie		
		das Kupfersulfat – *the copper sulphate*

$CuSO_4$

Energie		
		die Lichtenergie die Lichtenergien *the light energy*

Energie		
		die Reibungsenergie die Reibungsenergien *the friction energy*

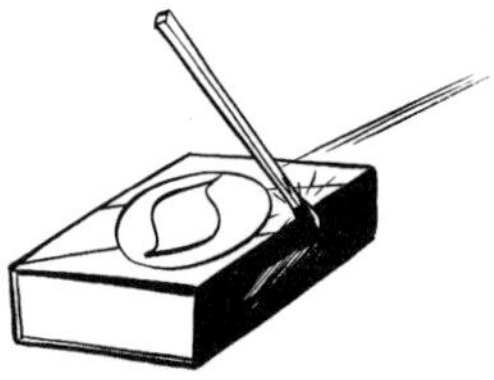

Energie		
		die Taschenlampe die Taschenlampen *the torch*

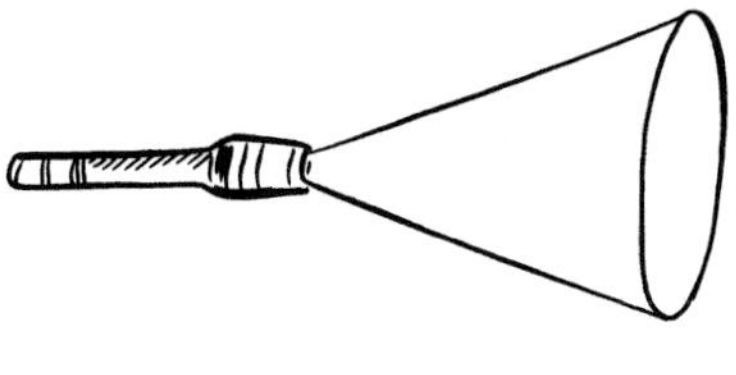

Energie		
		die Wärmeenergie die Wärmeenergien *the thermal energy*

1. Schreibe die richtigen Wörter in die Lücken.
Wörter: exotherme Reaktion, endotherme Reaktion

Chemische Reaktionen haben mit Energie zu tun.

Wird bei einer chemischen Reaktion Energie frei, so nennt man es eine

______________________.

Wenn man Energie hinzugeben muss, nennt man sie eine ______________________.

Es gibt viele verschiedene Energieformen.

2. Energieformen

Verbinde die Bilder mit den richtigen Wörtern.

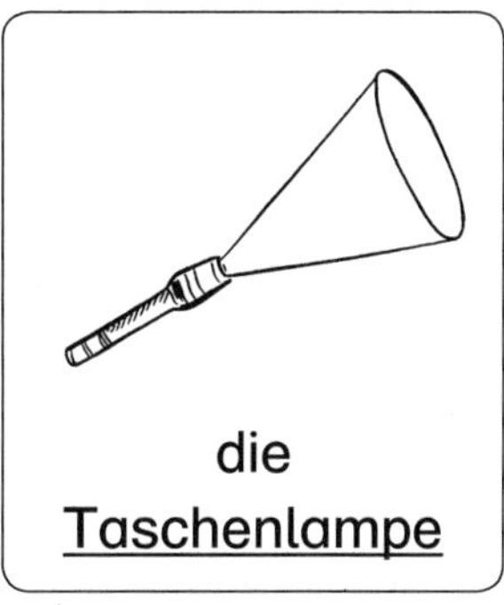

die Taschenlampe

das Streichholz

Lichtenergie

Wärmeenergie

Reibungsenergie

elektrische Energie

die Flamme

die Glühbirne

die Sonne

Energie

1. Experiment

Material:

Durchführung:

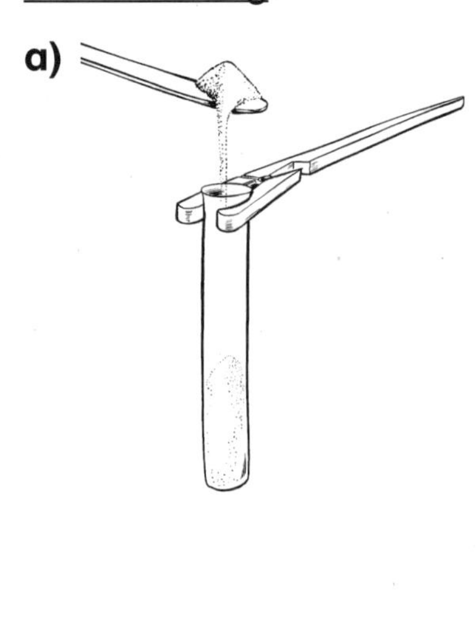

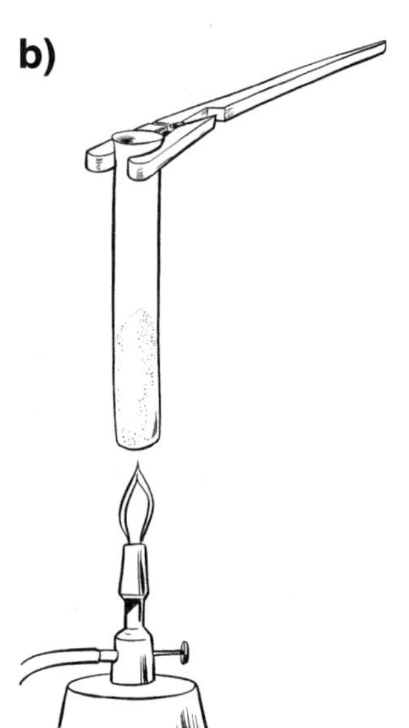

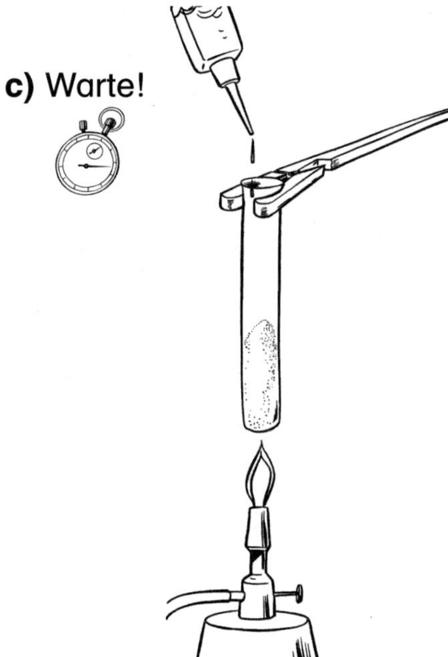

Beobachtung: Schreibe die richtigen Wörter in die Lücken.
Wörter: weiß, weiß, blau, blau

Nach dem Erhitzen von Kupfersulfat hat sich die Farbe von ______________ zu ______________ geändert (→ ändern). Als man Wasser hinzugegeben (→ hinzugeben) hat, hat sich die Farbe von ______________ zu ______________ geändert.

Ergebnis: Schreibe die richtigen Wörter in die Lücken.
Wörter: exotherme, hinzugegeben*, Wärmeenergie, Lichtenergie*

Beim Erhitzen des Kupfersulfats wurde Energie ______________________ (→ hinzugeben), das war eine endotherme Reaktion. Die Energieform war die ______________________. Beim Hinzugeben von Wasser wurde Energie frei, das war eine ______________________ Reaktion. Die Energieformen waren die ______________________ und die Wärmeenergie.

Energie

1. Chemische Reaktionen haben mit Energie zu tun.

   Wird bei einer chemischen Reaktion Energie frei, so nennt man es eine *exotherme Reaktion*.

   Wenn man Energie hinzugeben muss, nennt man sie eine *endotherme Reaktion*.

   Es gibt viele verschiedene Energieformen.

2.

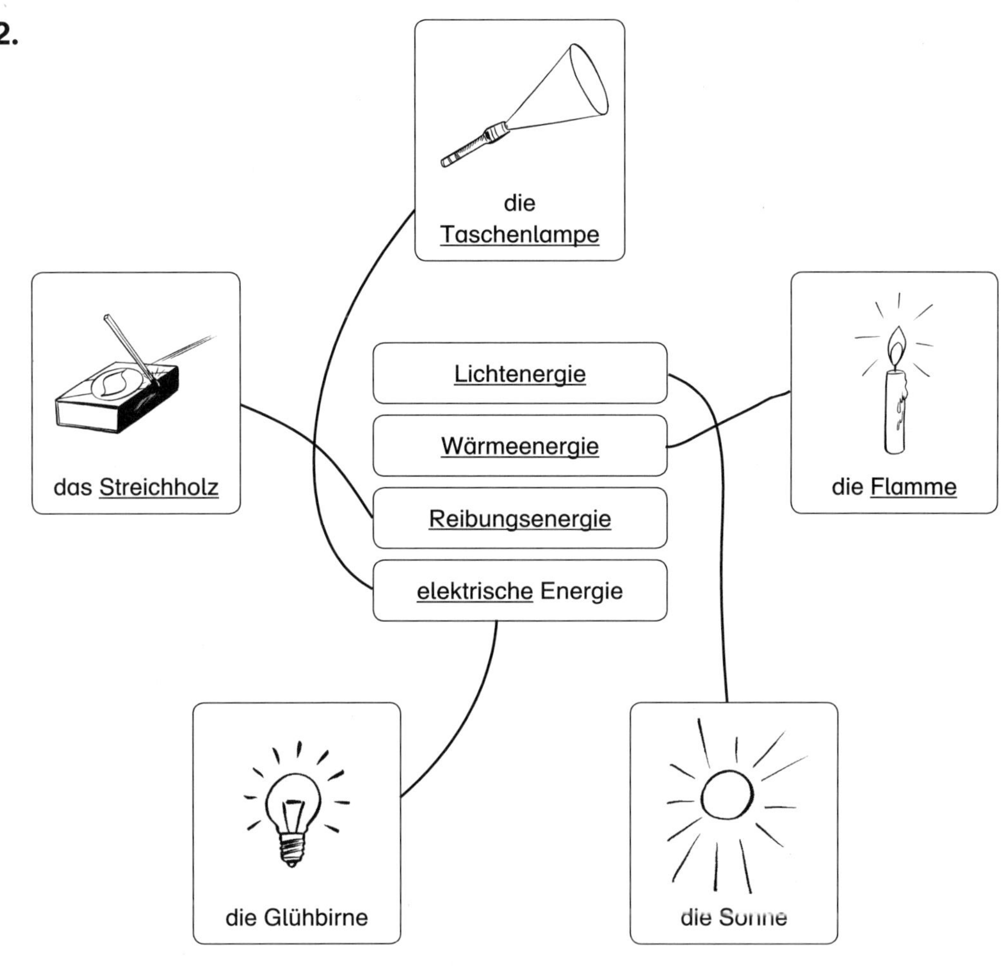

1. Beobachtung:

   Nach dem Erhitzen von Kupfersulfat hat sich die Farbe von *blau* zu *weiß* geändert (→ ändern). Als man Wasser hinzugegeben (→ hinzugeben) hat, hat sich die Farbe von *weiß* zu *blau* geändert.

   Ergebnis:

   Beim Erhitzen des Kupfersulfats wurde Energie *hinzugegeben* (→ hinzugeben), das war eine endotherme Reaktion. Die Energieform war die *Wärmeenergie*. Beim Hinzugeben von Wasser wurde Energie frei, das war eine *exotherme* Reaktion. Die Energieformen waren die *Lichtenergie* und die Wärmeenergie.

Verbrennung

Verbrennung			Verbrennung		
		der Brennstoff die Brennstoffe *the fuel*			**die Entzündungstemperatur** die Entzündungstemperaturen *the ignition temperature*

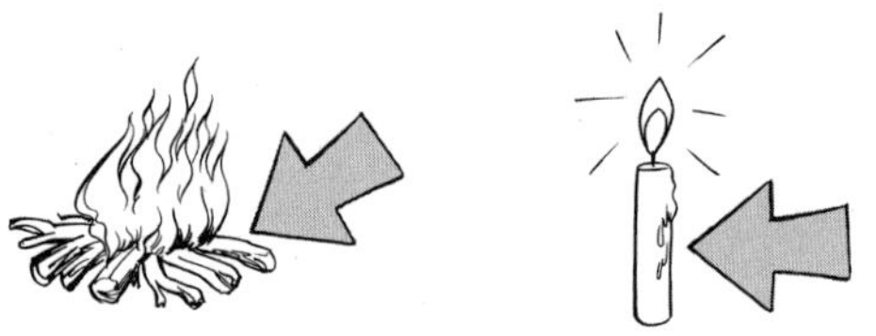

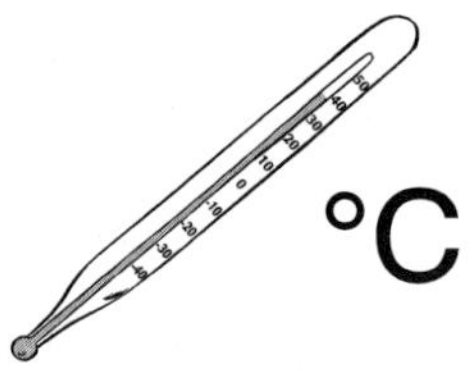

°C

Verbrennung			Verbrennung		
		die Kerze die Kerzen *the candle*			**die Taschenlampe** die Taschenlampen *the torch*

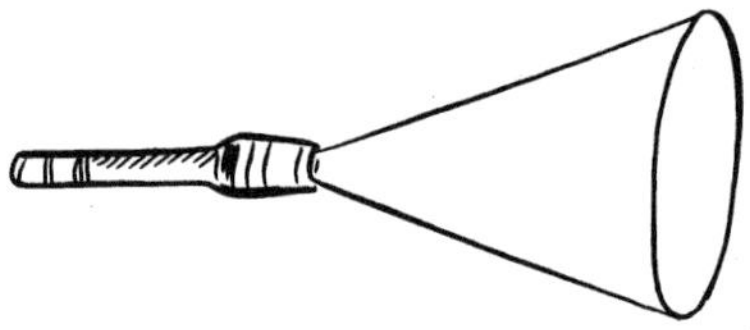

Verbrennung			Verbrennung		
		das Verbrennungsdreieck die Verbrennungsdreiecke *the combustion triangle*			**der Zucker** die Zucker *the sugar*

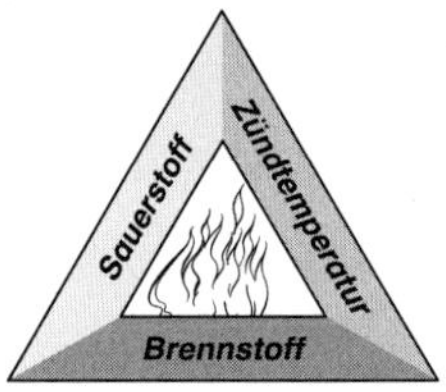

Sauerstoff
Zündtemperatur
Brennstoff

Zucker

Verbrennung

1. Frage: Was braucht eine Kerze, um zu brennen?

Vermutung: Kreuze (→ ankreuzen) deine Vermutung an.

Ich vermute, dass ...

 ☐  ☐ 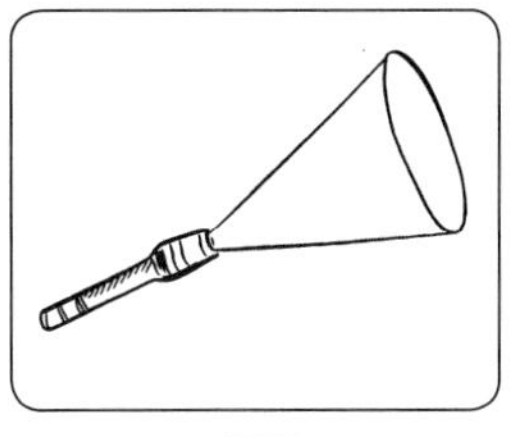 ☐  ☐ 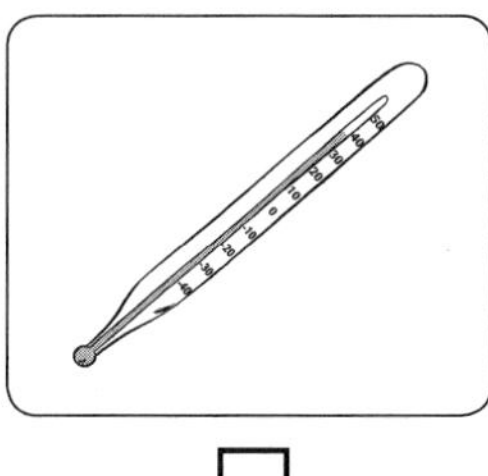 ☐

Material:

  die Kerze	 die Streichhölzer	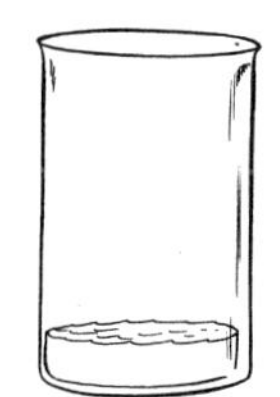 das Becherglas	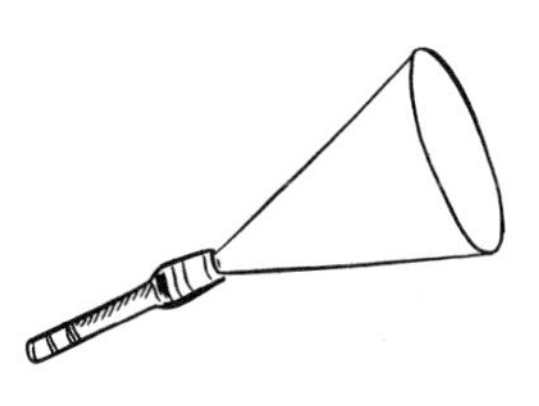 die Taschenlampe

Durchführung:

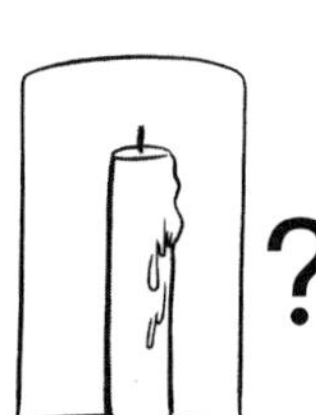

Beobachtung:
Zeichne deine Flamme in das Bild ein.

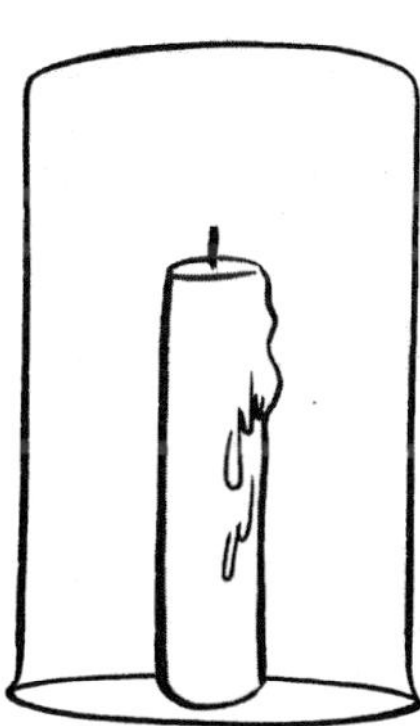

Ergebnis: Was braucht eine Kerze, um zu brennen?
Kreuze (→ ankreuzen) an.

 ☐  ☐  ☐  ☐ 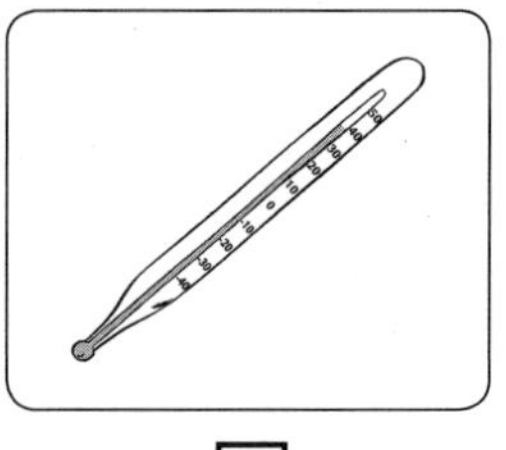 ☐

Verbrennung

1. Schreibe die richtigen Wörter in die Lücken.
Wörter: Sauerstoff, Entzündungstemperatur, Brennstoff

Für eine Verbrennung braucht man drei Bedingungen: ______________________, einen ______________________ und die geeignete ______________________.

Ist eine Bedingung nicht gegeben (→ geben), läuft (→ ablaufen) keine Verbrennung ab.

2. Welche Entzündungstemperaturen haben die Stoffe? Kreuze (→ ankreuzen) an.

 Holz: ☐ ca. 320 °C ☐ ca. 500 °C

 Streichholz: ☐ ca. 80 °C ☐ ca. 200 °C

 Zucker: ☐ ca. 410 °C ☐ 650 °C

 Papier: ☐ ca. 150 °C ☐ ca. 360 °C

 Benzin: ☐ ca. 300 °C ☐ 1 000 °C

Methan: ☐ ca. 80 °C ☐ ca. 600 °C

3. Verbrennungsdreieck

Schneide (→ ausschneiden) die Kästchen unten (↓) aus.
Klebe sie zu einem Dreieck zusammen. 

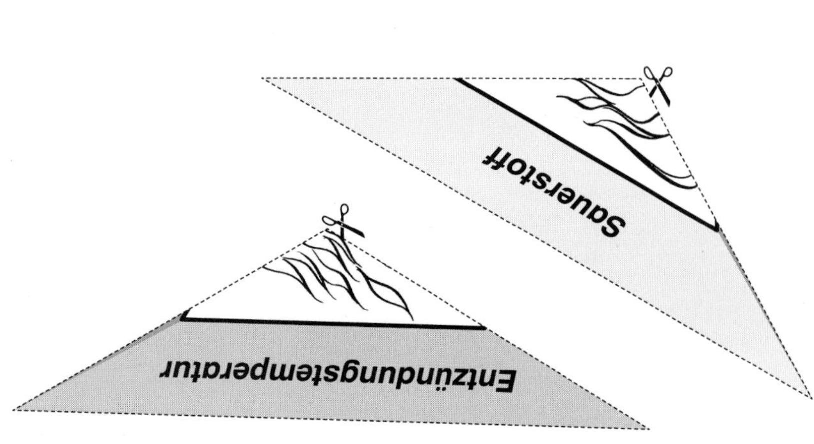

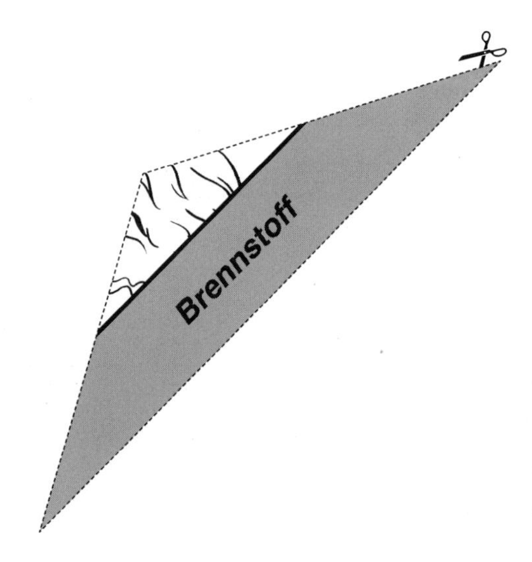

1. <u>Ergebnis</u>:

		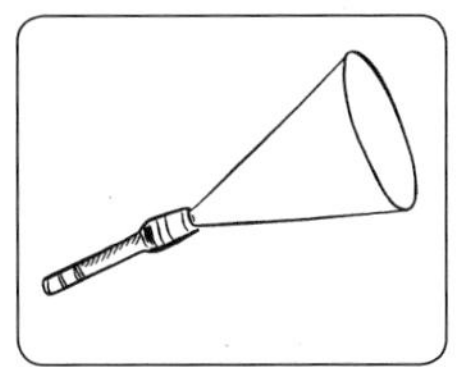		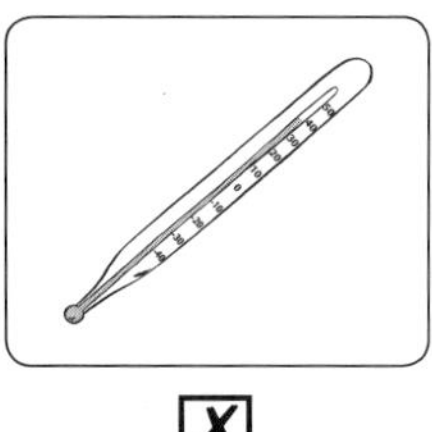
☒	☒	☐	☐	☒

1. Für eine <u>Verbrennung</u> braucht man drei Bedingungen: <u>*Sauerstoff*</u>, einen <u>*Brennstoff*</u> und die geeignete <u>*Entzündungstemperatur*</u>.
   Ist eine Bedingung nicht gegeben (→ geben), läuft (→ <u>ablaufen</u>) keine Verbrennung ab.

2.

	Holz:	☒ ca. 320 °C	☐ ca. 500 °C
	<u>Streichholz</u>:	☒ ca. 80 °C	☐ ca. 200 °C
	<u>Zucker</u>:	☒ ca. 410 °C	☐ 650 °C
	<u>Papier</u>:	☐ ca. 150 °C	☒ ca. 360 °C
	Benzin:	☒ ca. 300 °C	☐ 1 000 °C
	Methan:	☐ ca. 80 °C	☒ ca. 600 °C

3.

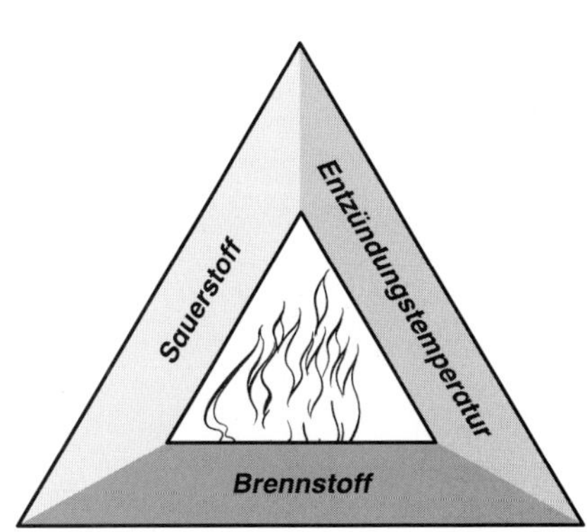

Redoxreaktion

Redoxreaktion		
	gleichzeitig *simultaneously*	

= 20:00

Redoxreaktion		
		das Kupferblech die Kupferbleche *the copper sheet*

Redoxreaktion		
		die Oxidation die Oxidationen *the oxidation*

$+O_2$

Redoxreaktion		
		die Redoxreaktion die Redoxreaktionen *the redox reaction*

Oxidation + Reduktion = Redoxreaktion

Redoxreaktion		
		die Reduktion die Reduktionen *the reduction*

$-O_2$

1. Oxidation

Durchführung:

Erhitze ein Kupferblech mit einer Tiegelzange über dem Gasbrenner.

Beobachtung:

Kreuze (→ ankreuzen) an:

- ☐ Das Kupferblech schmilzt (→ schmelzen).
- ☐ Das Kupferblech wird schwerer (→ schwer).
- ☐ Das Kupferblech wird schwarz.

Ergebnis:

Fülle die richtigen Wörter in die Lücken. (3 Wörter sind falsch!)
Wörter: Wasser, Sauerstoff, Oxidation, Sauerstoffaufnahme, Reduktion, Sauerstoffabgabe, Oxidation

Das Kupferblech hat mit dem ____________________ reagiert. Diese Reaktion wird ____________________ genannt (→ nennen). Übersetzt bedeutet ____________________ auch ______________________________.

2. Redoxreaktion

a) Verbinde die richtigen Kästchen.

Bei einer Redoxreaktion laufen (→ ablaufen)	man auch Sauerstoffübergabe.
Eine Redoxreaktion nennt	Oxidation und Reduktion gleichzeitig ab.

b) Schreibe die Sätze.

____

____

____

____

____

____

Redoxreaktion

1. Reduktion

Durchführung: Erhitze 0,5 g Silberoxid in einem Reagenzglas mit einem Reagenzglashalter über dem Gasbrenner.

Beobachtung: Beschreibe deine Beobachtung.

____

____

Ergebnis:

Fülle die richtigen Wörter in die Lücken. (Vier Wörter sind falsch!)
Wörter: Sauerstoff, Oxidation, Wasser, Sauerstoffaufnahme, Reduktion, Sauerstoffabgabe, Oxidation, Reduktion

Das Silberoxid gibt (→ abgeben) seinen ________________ ab. Diese Reaktion wird ________________ genannt (→ nennen). Übersetzt bedeutet ________________ auch ________________________________.

2. Redoxreaktion

a) Schreibe die richtigen Wörter in die Lücken.
Wörter: Reduktion, Sauerstoffübergabe, Redoxreaktion

Bei einer ____________________________ laufen (→ ablaufen) Oxidation und ________________ gleichzeitig ab. Man nennt sie auch ______________________________.

b) Schreibe das Reaktionsschema dieser Reaktion auf:

Eisenoxid und Aluminium reagieren zu Eisen und Aluminiumoxid.

______________ + ______________ → ____________________

c) Schreibe die Oxidation und die Reduktion dieser Reaktion auf.

Oxidation:

________________ + ________________ → __________________

Reduktion:

________________ → ________________ + __________________

Redoxreaktion

1. Beobachtung:

- ☐ Das Kupferblech schmilzt (→ schmelzen).
- ☐ Das Kupferblech wird schwerer (→ schwer).
- ☒ Das Kupferblech wird schwarz.

Ergebnis:

Das Kupferblech hat mit dem *Sauerstoff* reagiert. Diese Reaktion wird *Oxidation* genannt (→ nennen). Übersetzt bedeutet Oxidation auch *Sauerstoffaufnahme*.

2. a)

Bei einer Redoxreaktion laufen (→ ablaufen)	man auch Sauerstoffübergabe.
Eine Redoxreaktion nennt	Oxidation und Reduktion gleichzeitig ab.

b) *Bei einer Redoxreaktion laufen (→ ablaufen) Oxidation und Reduktion gleichzeitig ab. Eine Redoxreaktion nennt man auch Sauerstoffübergabe.*

---

1. Beobachtung: *Das Silberoxid wird silber/grau.*

Ergebnis:

Das Silberoxid gibt (→ abgeben) seinen *Sauerstoff* ab. Diese Reaktion wird *Reduktion* genannt (→ nennen). Übersetzt bedeutet *Reduktion* auch *Sauerstoffabgabe*.

2. a) Bei einer *Redoxreaktion* laufen (→ ablaufen) Oxidation und *Reduktion* gleichzeitig ab. Man nennt sie auch *Sauerstoffübergabe*.

b) *Eisenoxid + Aluminium → Eisen + Aluminiumoxid*

c) Oxidation: *Aluminium + Sauerstoff → Aluminiumoxid*

Reduktion: *Eisenoxid → Eisen + Sauerstoff*

Unterschied zwischen Reinstoff und Stoffgemisch

		die Emulsion die Emulsionen *the emulsion*

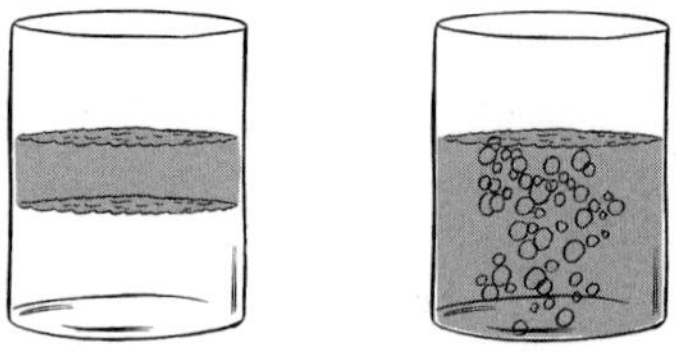

Unterschied zwischen Reinstoff und Stoffgemisch

		das Feststoffgemisch die Feststoffgemische *the solid mixture*

Unterschied zwischen Reinstoff und Stoffgemisch

		das Gasgemisch die Gasgemische *the gas mixture*

Sauerstoff + Kohlenstoffdioxid + Stickstoff

Unterschied zwischen Reinstoff und Stoffgemisch

	heterogen *heterogeneous*	

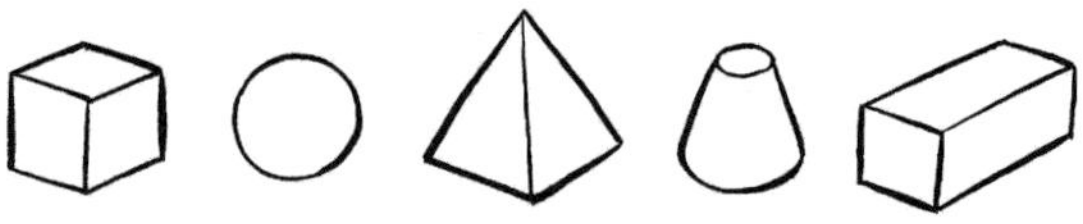

Unterschied zwischen Reinstoff und Stoffgemisch

	homogen *homogeneous*	

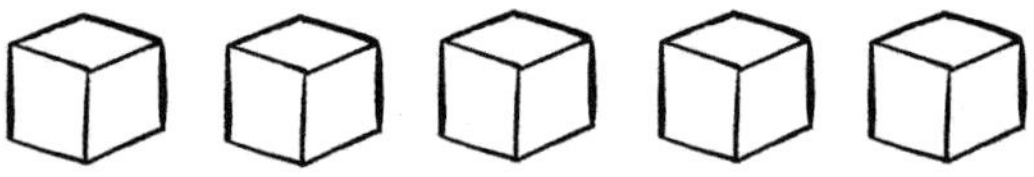

Unterschied zwischen Reinstoff und Stoffgemisch

auflösen löse auf! *to solve*		**die Lösung** die Lösungen *the solution*

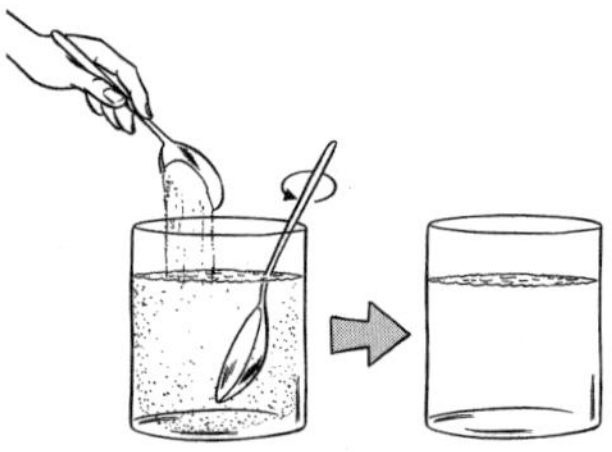

Unterschied zwischen Reinstoff und Stoffgemisch

		die Suspension die Suspensionen *the suspension*

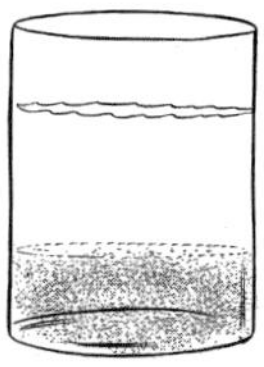

Unterschied zwischen Reinstoff und Stoffgemisch

		der Zucker die Zucker *the sugar*

Zucker

Unterschied zwischen Reinstoff und Stoffgemisch

1. Kreuze (→ ankreuzen) die richtigen Antworten an.

- ☐ Ein Reinstoff besteht aus flüssigen Stoffen.
- ☐ Ein Stoffgemisch besteht aus mindestens 2 Stoffen.
- ☐ Ein Reinstoff besteht aus mindestens 2 Stoffen.
- ☐ Ein Stoffgemisch kann nur aus festen Stoffen bestehen.
- ☐ Ein Reinstoff besteht aus nur 1 Stoff.
- ☐ Ein Stoffgemisch kann aus verschiedenen Aggregatzuständen bestehen.

2. a) Welche Bilder zeigen einen Reinstoff? Welche Bilder zeigen ein Stoffgemisch? Verbinde die Bilder mit den richtigen Wörtern.

der Eisennagel

Zucker

der Zucker

das Müsli

Reinstoff **Stoffgemisch**

MILCH

die Milch

der Stein

der Orangensaft

3. Homogen oder heterogen?

a) Schreibe die richtigen Wörter in die Lücken.

Wörter: homogenen, heterogenen

Bei einem ____________________ Stoffgemisch kann man jeden Stoff sehen.

Bei einem ____________________ Stoffgemisch kann man die verschiedenen Stoffe nicht sehen.

b) Welches Stoffgemisch aus Aufgabe 2 ist homogen?

____

c) Welche Stoffgemische aus Aufgabe 2 sind heterogen?

____

Unterschied zwischen Reinstoff und Stoffgemisch

1. a) Welche Bilder zeigen einen Reinstoff? Welche Bilder zeigen ein Stoffgemisch? Verbinde die Bilder mit den richtigen Wörtern.

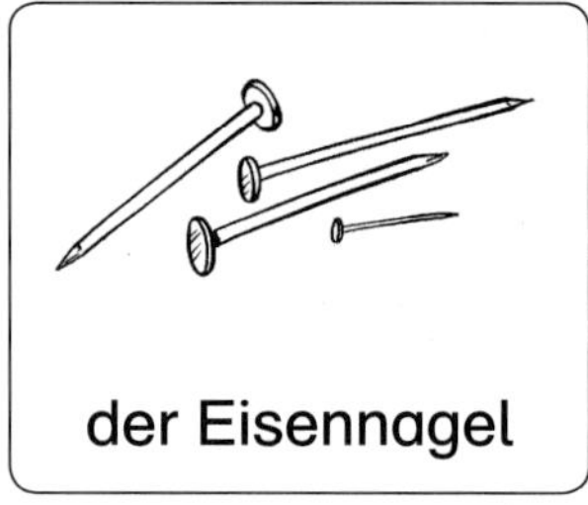

der Eisennagel

der Zucker

das Müsli

Reinstoff | **Stoffgemisch**

die Milch

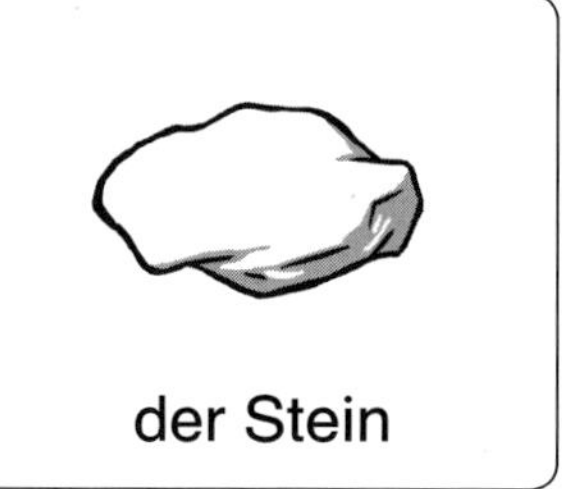

der Stein

der Orangensaft

2. Schreibe die richtigen Wörter in die Lücken.
Wörter: Stoffgemisch, Reinstoff, Stoff, zwei verschiedenen

Ein ____________________ besteht aus einem einzelnen ____________________ (Reinstoff = Stoff).

Ein ____________________ besteht aus mindestens ____________________________________ Reinstoffen.

3. Welche Stoffgemische sind homogen oder heterogen? Ordne (→ zuordnen) die Beispiele richtig zu.

Emulsion, Lösung, Gasgemisch, Feststoffgemisch, Suspension

heterogen	homogen

Lösung

Unterschied zwischen Reinstoff und Stoffgemisch

1. ☐ Ein Reinstoff besteht aus flüssigen Stoffen.
   ☒ Ein Stoffgemisch besteht aus mindestens 2 Stoffen.
   ☐ Ein Reinstoff besteht aus mindestens 2 Stoffen.
   ☐ Ein Stoffgemisch kann nur aus festen Stoffen bestehen.
   ☒ Ein Reinstoff besteht aus nur 1 Stoff.
   ☒ Ein Stoffgemisch kann aus verschiedenen Aggregatzuständen bestehen.

2.

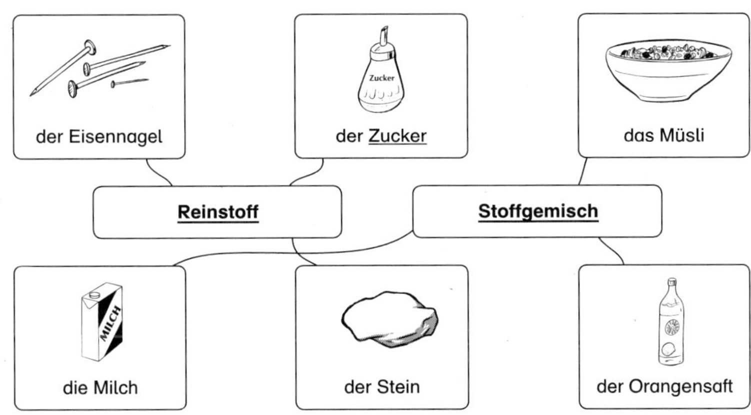

3. a) Bei einem *heterogenen* Stoffgemisch kann man jeden Stoff sehen.
   Bei einem *homogenen* Stoffgemisch kann man die verschiedenen Stoffe nicht sehen.

   b) Stoffgemisch: Milch
   Stoffgemisch: Müsli, Orangensaft

1.

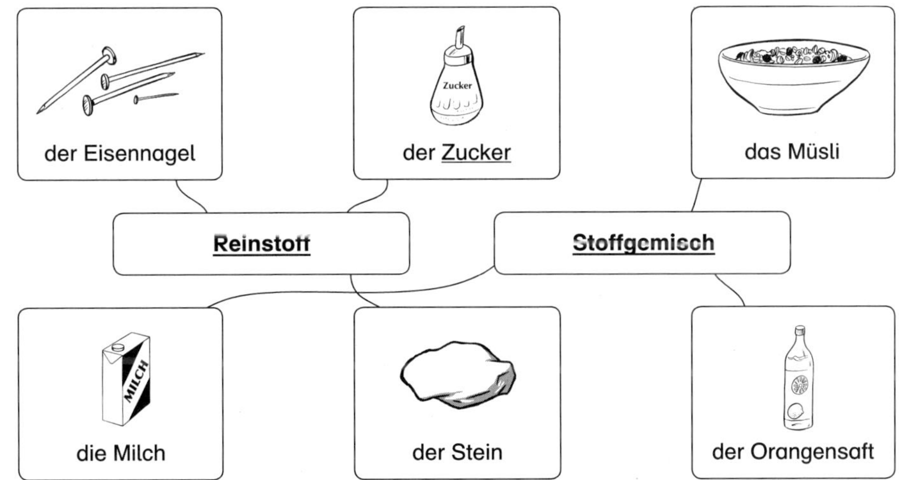

2. Ein *Reinstoff* besteht aus einem einzelnen *Stoff* (Reinstoff = Stoff).
   Ein *Stoffgemisch* besteht aus mindestens *zwei verschiedenen* Reinstoffen.

3.

heterogen	homogen
Feststoffgemisch	*Lösung*
Suspension	*Gasgemisch*
Emulsion	

Sedimentieren/Dekantieren/Filtration

Sedimentieren/Dekantieren/Filtration

abgießen gieße ab! *to decant*		

Sedimentieren/Dekantieren/Filtration

absetzen setze ab! *to settle*		

Sedimentieren/Dekantieren/Filtration

dekantieren dekantiere! *to decant*		

Sedimentieren/Dekantieren/Filtration

filtern filtere! *to filter*		**die Filtration** die Filtrationen *the filtration*

Sedimentieren/Dekantieren/Filtration

		das Filterpapier die Filterpapiere *the filter paper*

Sedimentieren/Dekantieren/Filtration

rühren rühre! *to stir sth.*		

Sedimentieren/Dekantieren/Filtration

sedimentieren sedimentiere! *to sediment*		die Sedimentation die Sedimentationen *the sedimentation*

Sedimentieren/Dekantieren/Filtration

trennen trenne! *to separate*		die Trennung die Trennungen *the separation*

Sedimentieren/Dekantieren/Filtration

		der Trichter die Trichter *the funnel*

Sedimentieren/Dekantieren/Filtration

	ungelöst *undissolved*	

Sedimentieren/Dekantieren/Filtration

1. Frage: Wie trenne ich das Stoffgemisch Wasser und Sand?

Vermutung: Kreuze (→ ankreuzen) deine Vermutung an.

Ich vermute, dass ... ☐ 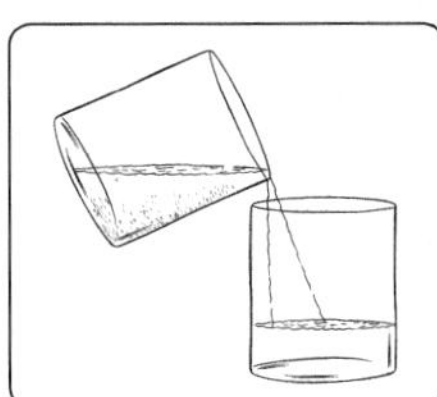 ☐ 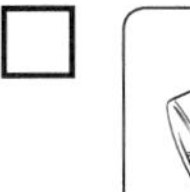 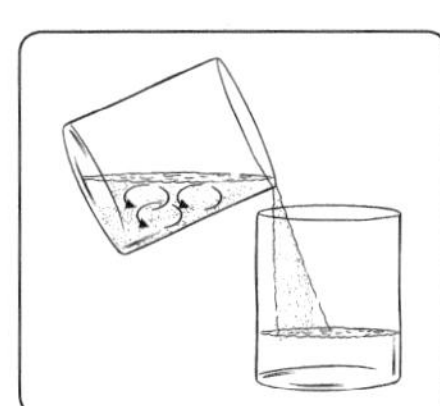

Material:

 das Wasser	 der Sand	 das Becherglas	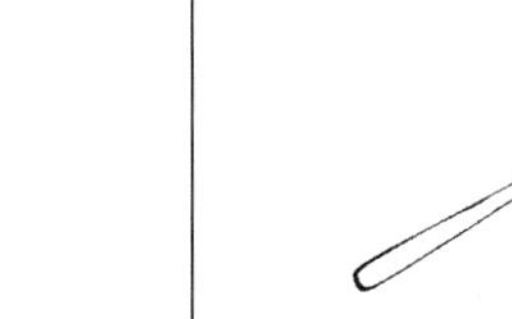 der Löffel

Durchführung: 1. 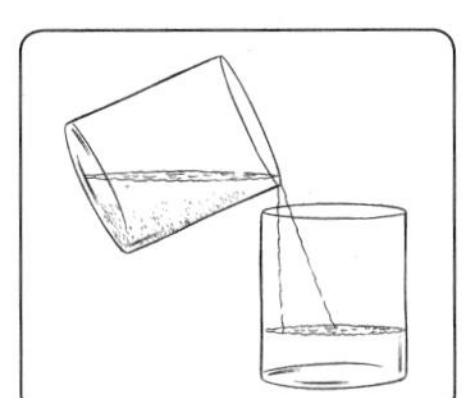 2. 

Beobachtung: Zeichne deine Beobachtung in die Kästchen.

1. 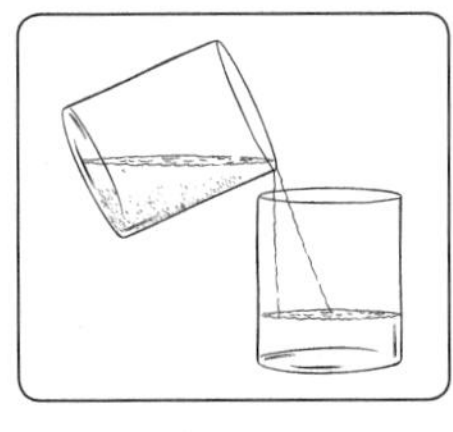 

2.  

Ergebnis: Wie trenne ich das Stoffgemisch Wasser und Sand?

a) Kreuze (→ ankreuzen) an. ☐  ☐ 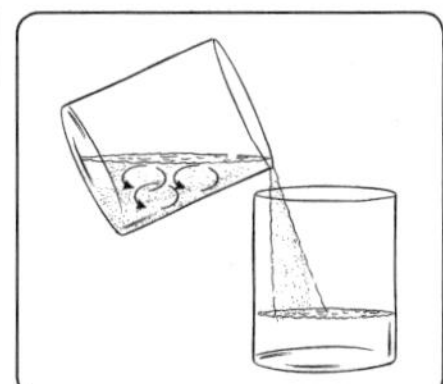

b) Fülle die Lücken mit den richtigen Wörtern.
Wörter: Sedimentation, dekantieren

Wenn das Stoffgemisch Wasser und Sand verrührt (→ rühren) wird, kann man die Stoffe nicht trennen. Der Sand muss sich im Becherglas absetzen, das nennt man ____________________. Das Wasser wird abgegossen (→ abgießen) und vom Sand getrennt (→ trennen), dieses Vorgehen bezeichnet man als ________________________.

Sedimentieren/Dekantieren/Filtration

1. Frage: Wie trenne ich das Stoffgemisch Wasser und Sand?

Vermutung: Kreuze (→ ankreuzen) deine Vermutung an.

Ich vermute, dass ... ☐ 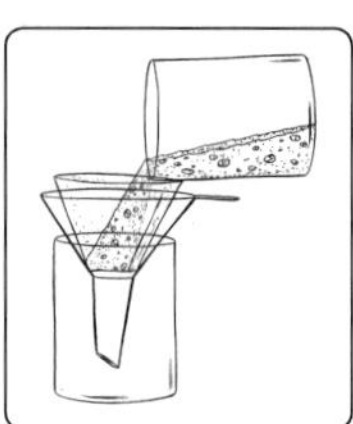 ☐ 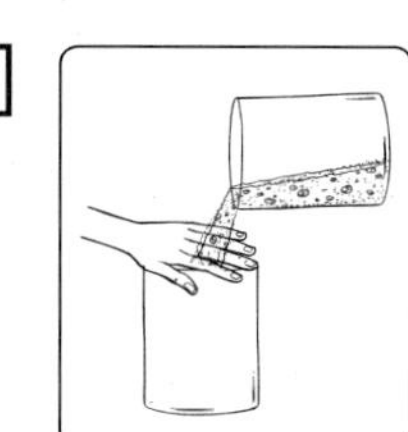

Material:

 das Wasser	 der Sand	 das Becherglas	 der Trichter	 das Filterpapier

Durchführung:

a) Vermische (→ mischen) Wasser und Sand in einem Becherglas. Gib das Stoffgemisch durch den Trichter mit dem Filterpapier.

b) Vermische Wasser und Sand in einem Becherglas. Gieße (→ abgießen) das Stoffgemisch durch deine Hand in das Becherglas ab.

Beobachtung: Schreibe deine Beobachtungen auf.

____

Ergebnis: Wie trenne ich das Stoffgemisch Wasser und Sand?

a) Kreuze (→ ankreuzen) an. ☐ 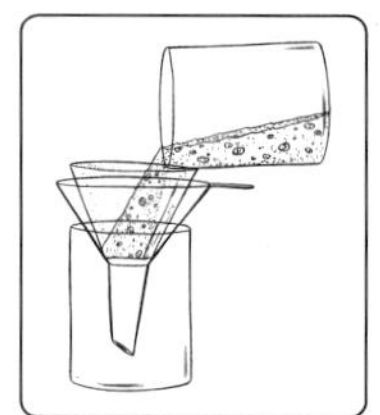 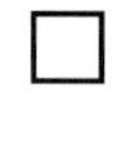 

b) Fülle die Lücken mit den richtigen Wörtern.
Wörter: Feststoffe, Flüssigkeit, ungelöste

Bei der Filtration werden ____________________ ________________________ von einer _________________________ getrennt (→ trennen).

2. Male (→ anmalen) die richtigen Bilder zur Filtration farbig an.

Kaffee kochen

Kochen

der Staubsauger

das Aquarium

Sedimentieren/Dekantieren/Filtration

1. Ergebnis:

a) [X] 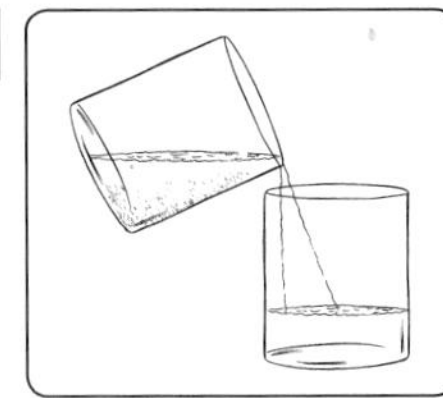 [ ] 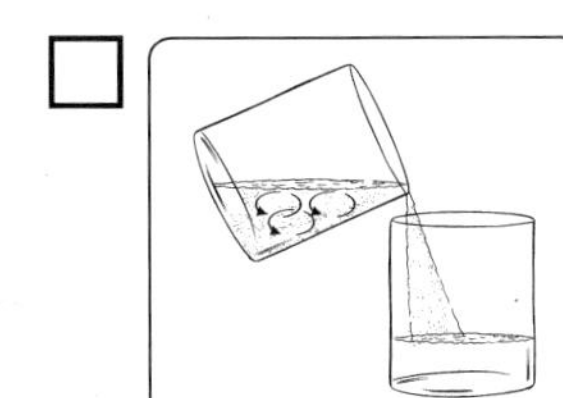

b) Wenn das Stoffgemisch Wasser und Sand verrührt (→ rühren) wird, kann man die Stoffe nicht trennen. Der Sand muss sich im Becherglas absetzen, das nennt man *Sedimentation*. Das Wasser wird abgegossen (→ abgießen) und vom Sand getrennt (→ trennen), dieses Vorgehen bezeichnet man als *dekantieren*.

1. Ergebnis:

a) [X] 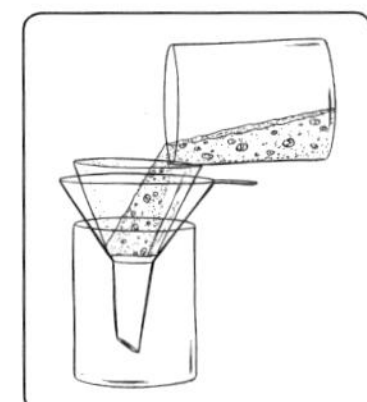 [ ] 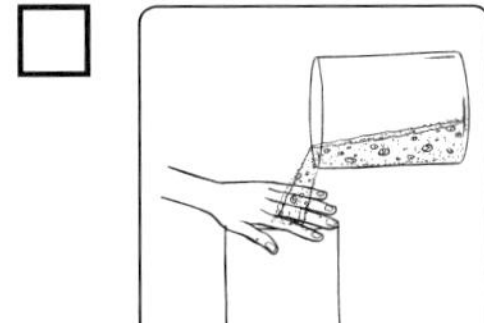

b) Bei der Filtration werden *ungelöste Feststoffe* von einer *Flüssigkeit* getrennt (→ trennen).

2.

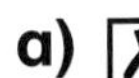

Luft

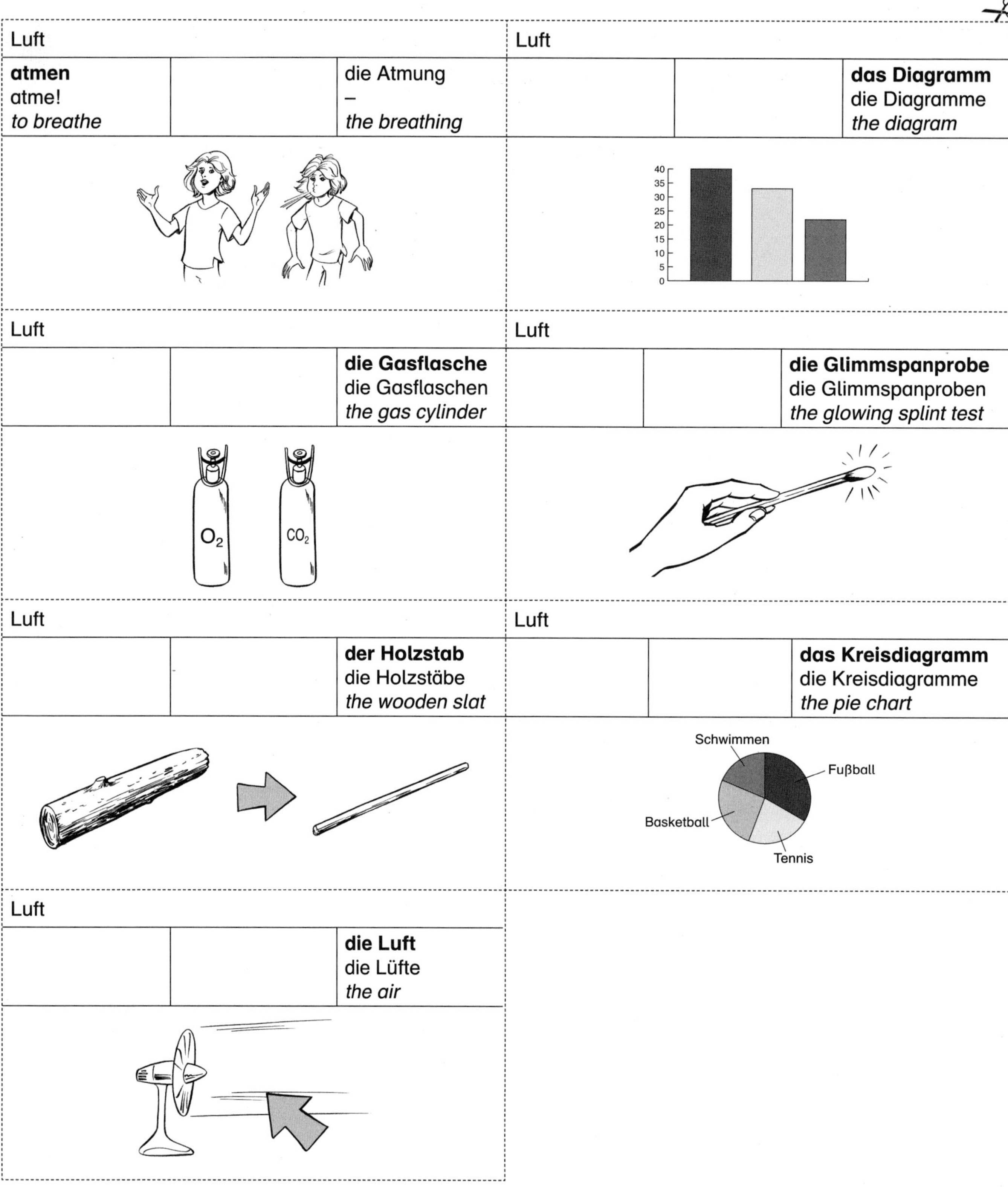

Luft		
atmen atme! *to breathe*		die Atmung – *the breathing*

Luft		
		das Diagramm die Diagramme *the diagram*

Luft		
		die Gasflasche die Gasflaschen *the gas cylinder*

Luft		
		die Glimmspanprobe die Glimmspanproben *the glowing splint test*

Luft		
		der Holzstab die Holzstäbe *the wooden slat*

Luft		
		das Kreisdiagramm die Kreisdiagramme *the pie chart*

Luft		
		die Luft die Lüfte *the air*

1. Welches Diagramm beschreibt das Stoffgemisch der Luft?
Kreuze (→ ankreuzen) deine Vermutung an.

a) ☐

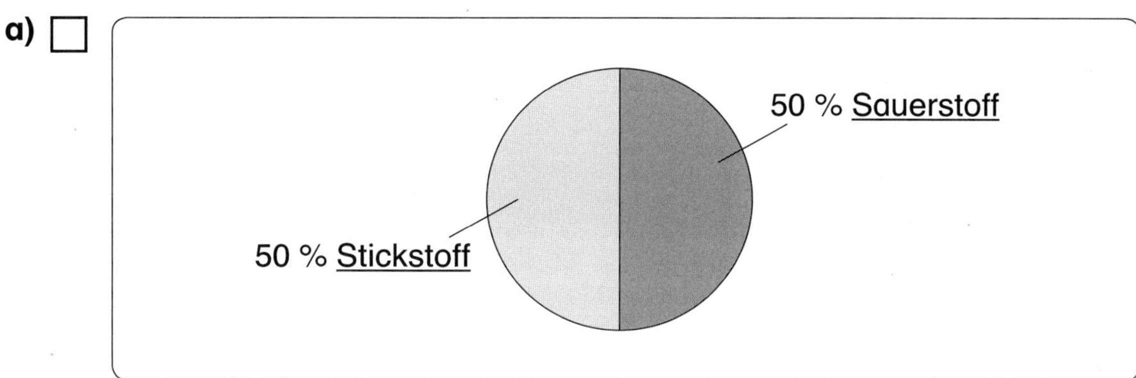

b) ☐

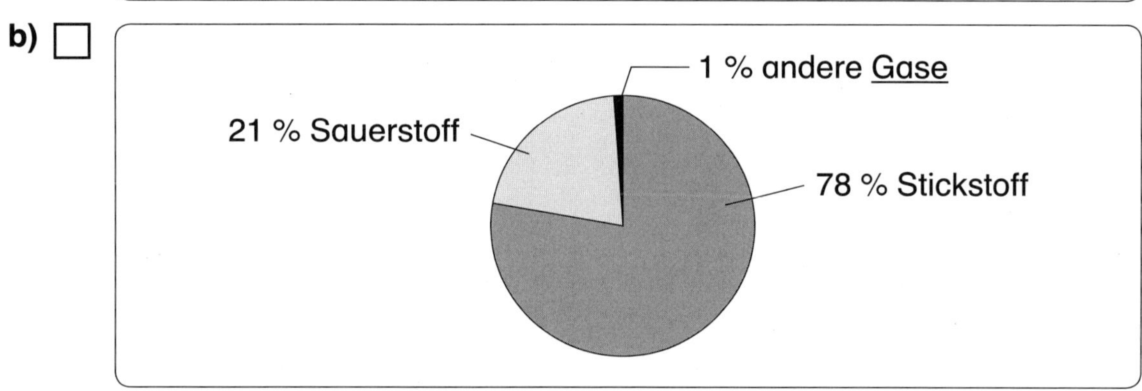

c) ☐

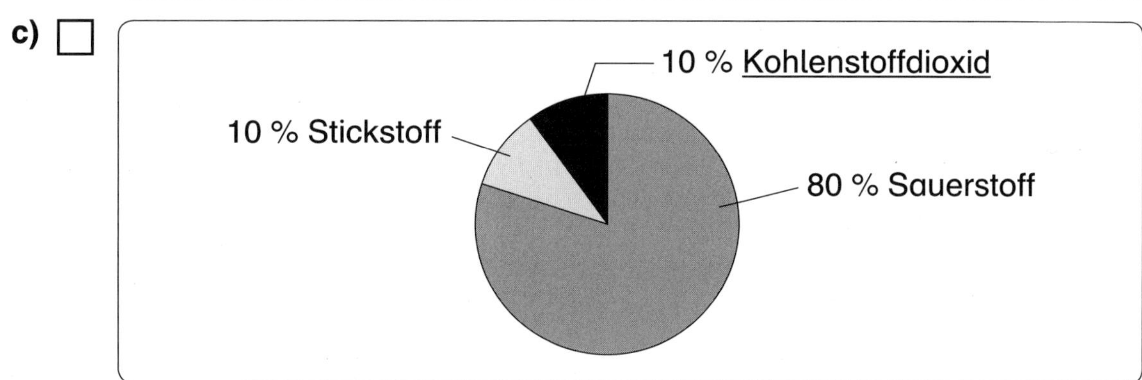

2. Welches Gas atmen wir ein? Welches Gas atmen wir aus? Zeichne das Gas in der richtigen Farbe ein. (Sauerstoff = rot, Kohlenstoffdioxid = blau)

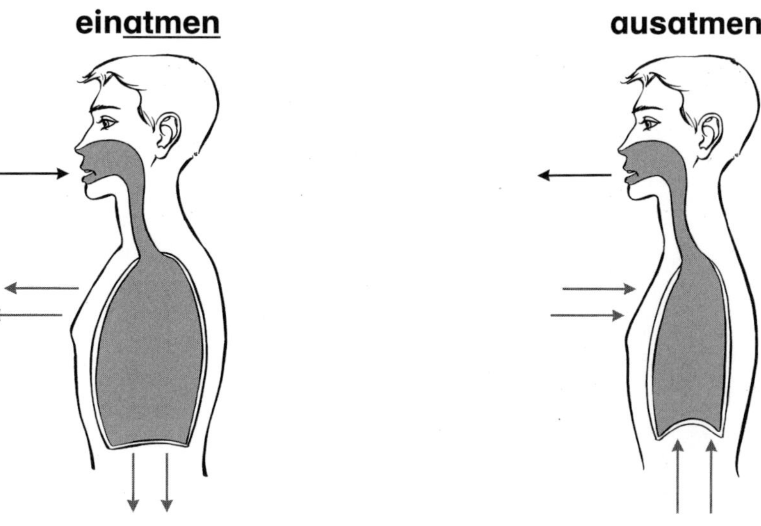

1. Frage: Wie kann ich Sauerstoff nachweisen?

Vermutung: Kreuze (→ ankreuzen) deine Vermutung an.

Ich vermute, dass ... ☐ 

☐ 

Material:

 das Becherglas	 der Holzstab	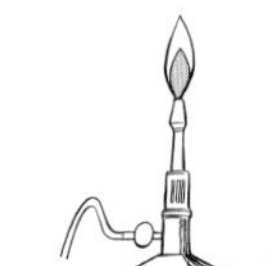 der Gasbrenner	 die Gasflasche mit Sauerstoff	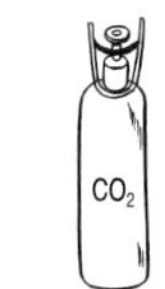 die Gasflasche mit Kohlenstoffdioxid

Durchführung:

a) Fülle das Becherglas mit Sauerstoff.

b) Erhitze den Holzstab mit dem Gasbrenner.

c) Gib (→ geben) den Holzstab in das Becherglas mit Sauerstoff.

d) Gib einen anderen Holzstab in das Becherglas mit Kohlenstoffdioxid.

Beobachtung:

Zeichne deine Beobachtung in das Bild.

Ergebnis:

a) Wie kann ich Sauerstoff nachweisen? Kreuze (→ ankreuzen) an.

☐ O_2 ☐ 

b) Wie nennt man diesen Nachweis? Kreuze (→ ankreuzen) an.

☐ Glimmspanprobe ☐ Stoffeigenschaftsprobe

☐ Holzstabprobe ☐ Reinstoffprobe

1. Beobachtung:

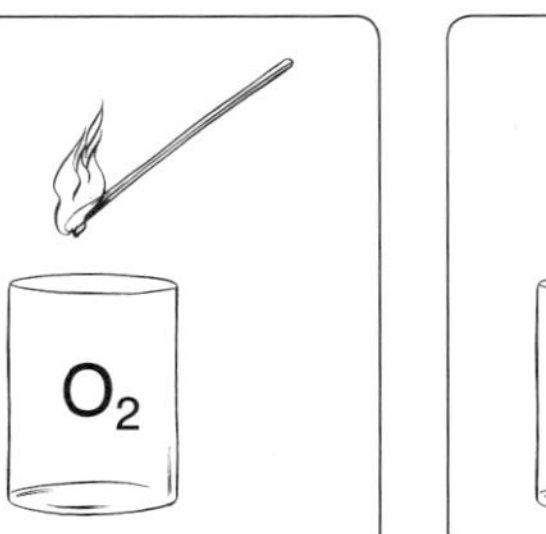

Ergebnis:

a) [X]

[ ]

b) [X] Glimmspanprobe
[ ] Holzstabprobe
[ ] Stoffeigenschaftsprobe
[ ] Reinstoffprobe

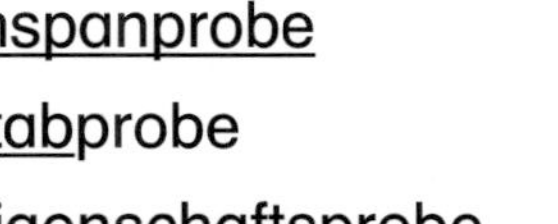

1. a) [ ]

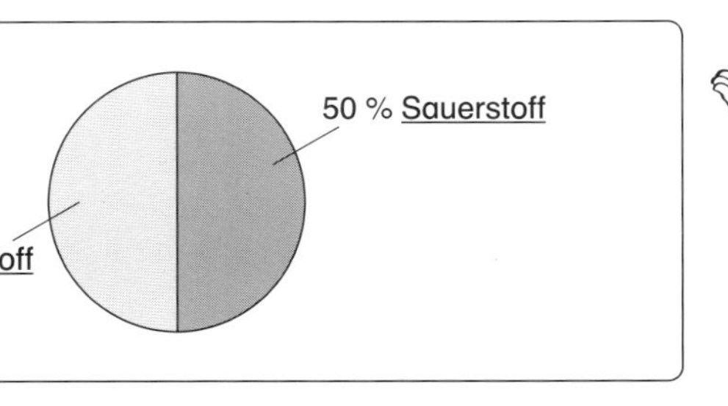
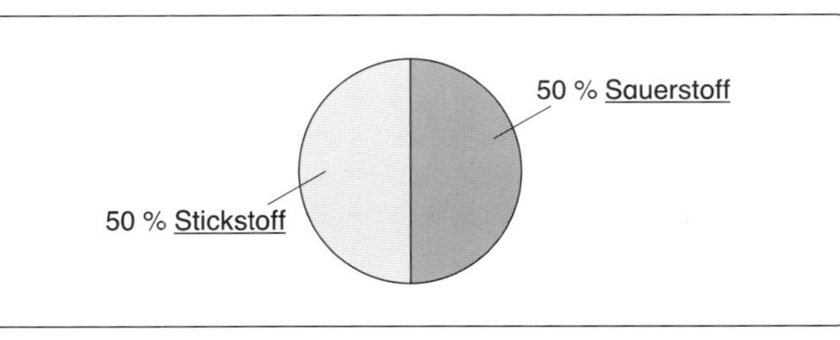

b) [X]

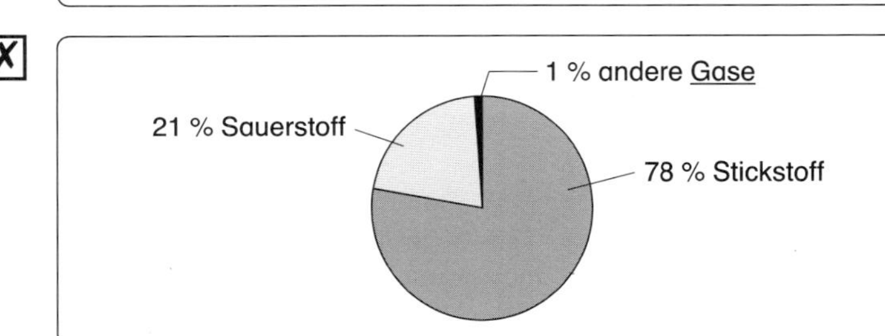

c) [ ]

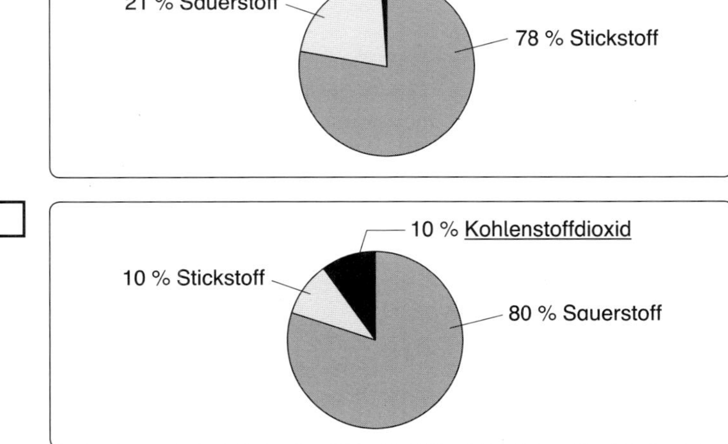

2.

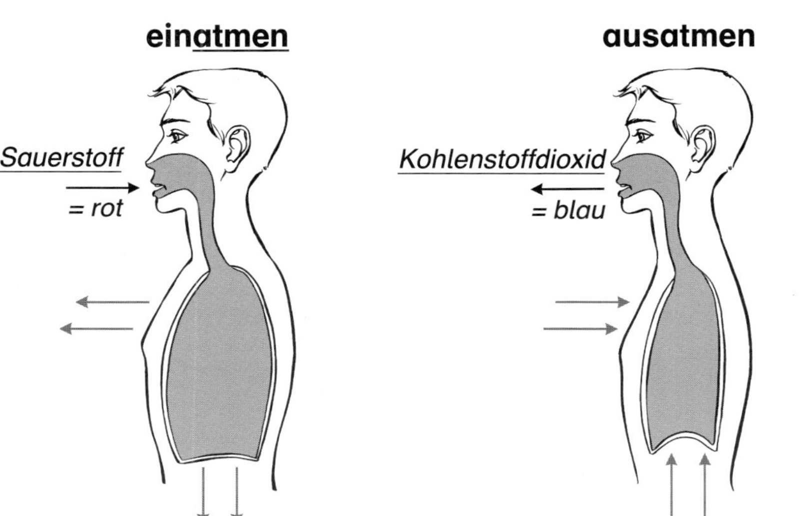

Kohlenstoffdioxid

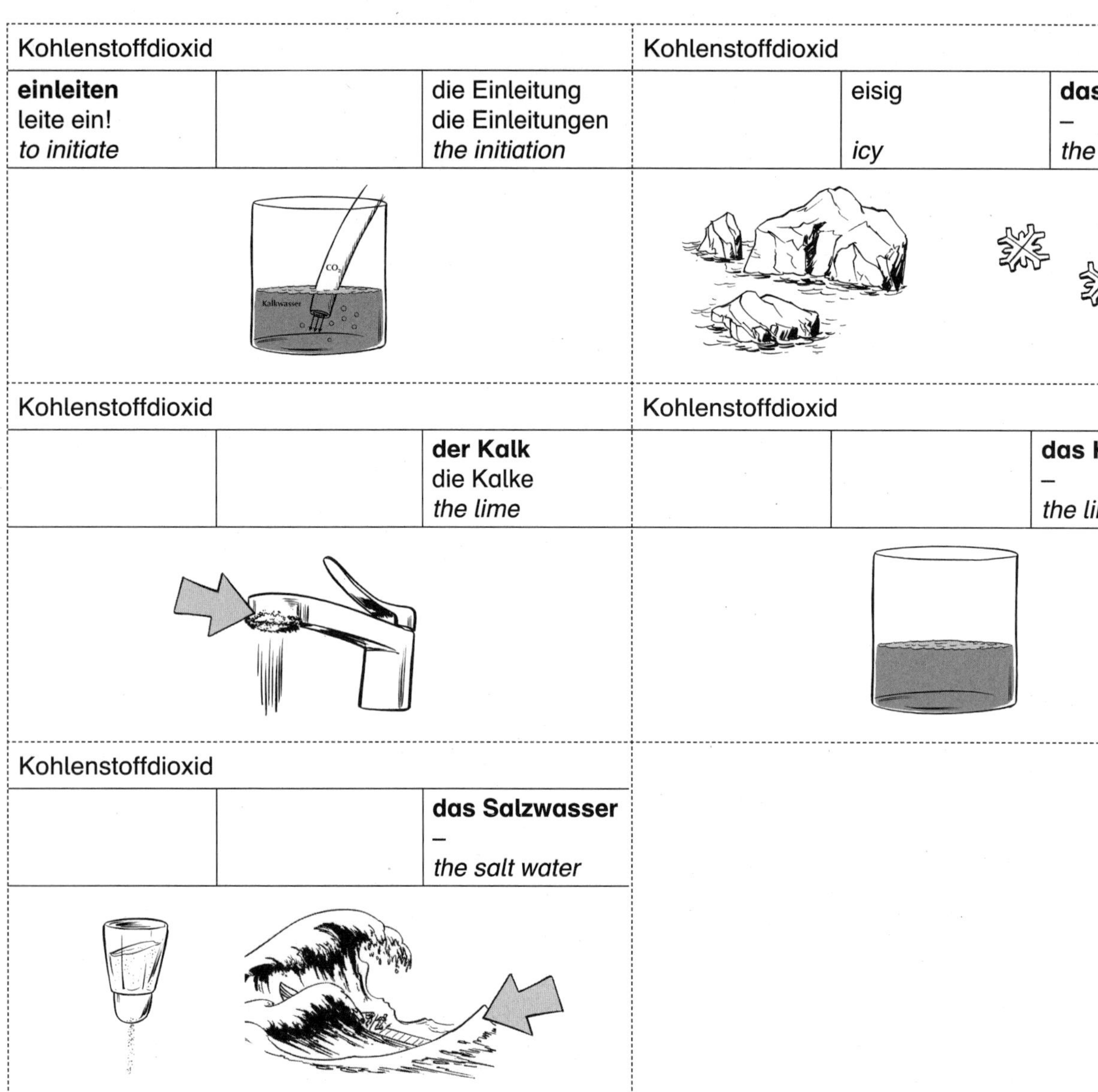

Kohlenstoffdioxid		
einleiten leite ein! *to initiate*		die Einleitung die Einleitungen *the initiation*

Kohlenstoffdioxid		
	eisig *icy*	**das Eis** – *the ice*

Kohlenstoffdioxid		
		der Kalk die Kalke *the lime*

Kohlenstoffdioxid		
		das Kalkwasser – *the lime water*

Kohlenstoffdioxid		
		das Salzwasser – *the salt water*

Kohlenstoffdioxid

1. Wie entsteht Kohlenstoffdioxid? Kreuze (→ ankreuzen) an.

 ☐

 ☐

 ☐

 ☐

 ☐

 ☐

 ☐

 ☐

2. Richtig oder falsch? Kreuze (→ ankreuzen) an. Wo gibt es Kohlenstoffdioxid?

		richtig	falsch
a)	das Lagerfeuer		
b)	der Feuerlöscher		
c)	der Magnet		
d)	das Eis		

3. Kreuze (→ ankreuzen) die richtige Strukturformel von Kohlenstoffdioxid an.

a) |C̄ — O = O⟩

b)

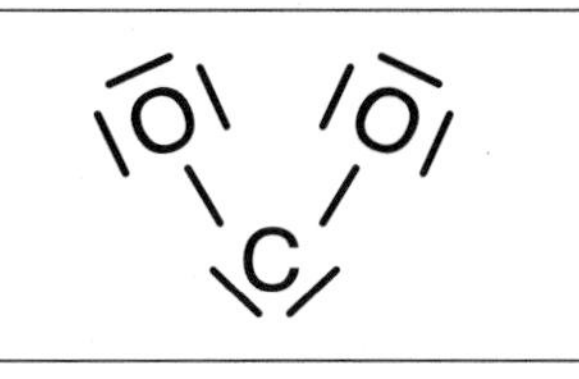

☐

c) ⟨O = C = O⟩

☐

Kohlenstoffdioxid

1. Frage: Wie kann ich Kohlenstoffdioxid nachweisen?

Vermutung: Kreuze (→ ankreuzen) deine Vermutung an.

Ich vermute, dass ... ☐ 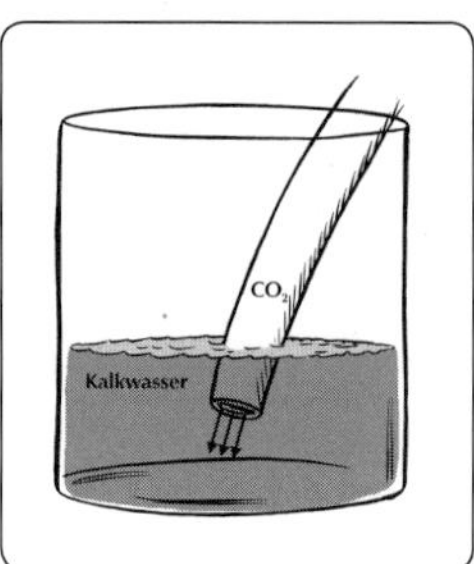

☐ 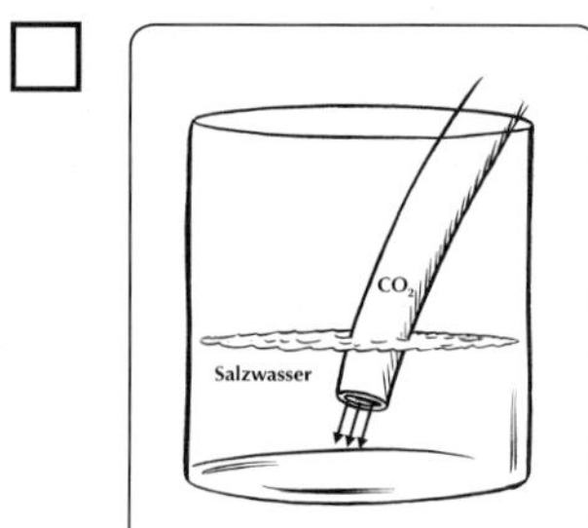

Material:

 das Becherglas	 das Wasser	 das Kalkwasser (100 ml)	 das Salz	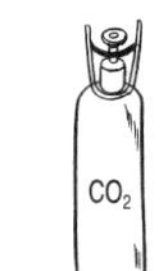 die Gasflasche mit Kohlenstoffdioxid

Durchführung:

a) 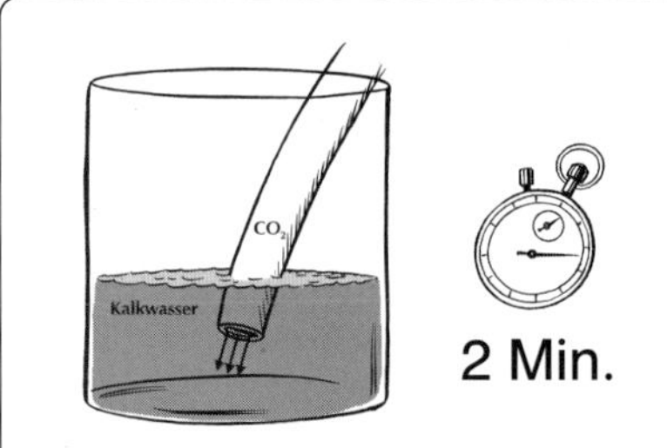

b) 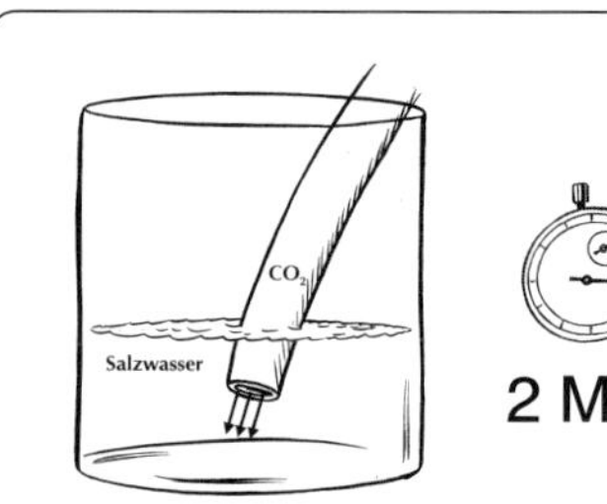

Beobachtung:

Zeichne deine Beobachtung in das Bild.

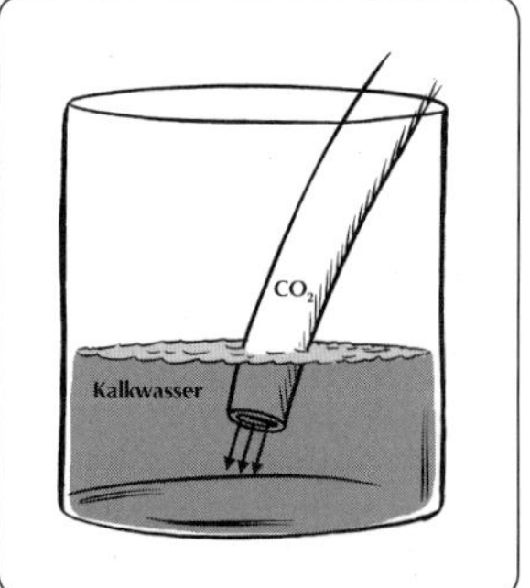

Ergebnis:

Wie nennt man diesen Nachweis für Kohlenstoffdioxid? Kreuze (→ ankreuzen) an.

☐ Kalkwasserprobe
☐ Kohlenstoffdioxidprobe
☐ Stoffeigenschaftsnachweis
☐ Stoffgemischnachweis

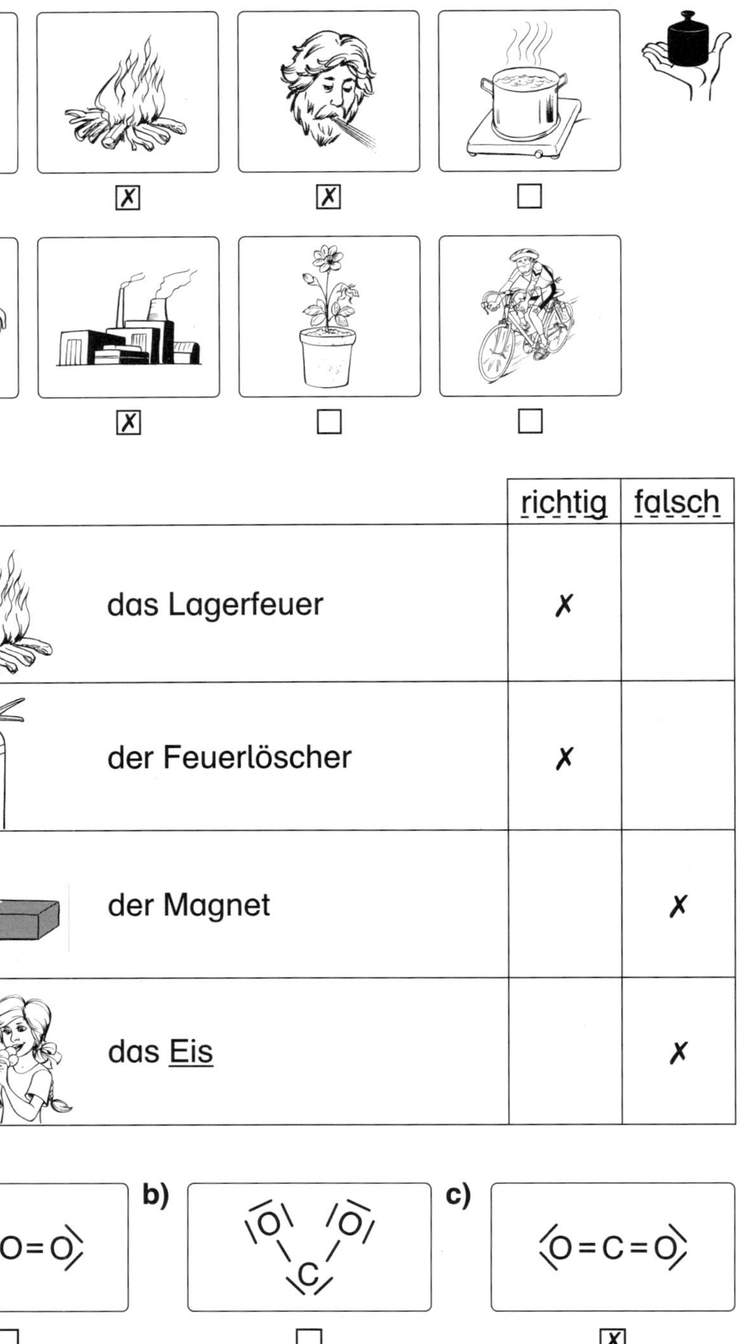

1. ☐ ☒ ☒ ☐
☒ ☒ ☐ ☐

2.

		richtig	falsch
a)	das Lagerfeuer	✗	
b)	der Feuerlöscher	✗	
c)	der Magnet		✗
d)	das Eis		✗

3. a) |C̄–O=O〉 ☐
b) |Ō\ /Ō| \C/ ☐
c) 〈O=C=O〉 ☒

1. Beobachtung:

Ergebnis:

- ☒ Kalkwasserprobe
- ☐ Kohlenstoffdioxidprobe
- ☐ Stoffeigenschaftsnachweis
- ☐ Stoffgemischnachweis

Eigenschaften von Wasser

Eigenschaften von Wasser		
		die Dichte die Dichten *the density*

Eigenschaften von Wasser		
	geruchlos *odourless*	

Eigenschaften von Wasser		
	geschmacklos *tasteless*	

Eigenschaften von Wasser		
schwimmen schwimm! *to swim*		

Eigenschaften von Wasser		
		der Wassertropfen die Wassertropfen *the waterdrop*

Eigenschaften von Wasser

1. Kreuze (→ ankreuzen) richtig an.

a) Welche Siedetemperatur hat Wasser?

- ☐ 100 °C
- ☐ 50 °C
- ☐ 78 °C

b) Bei welcher Temperatur schmilzt (→ schmelzen) Wasser?

- ☐ 4 °C
- ☐ 10 °C
- ☐ 0 °C

c) Welche Stoffeigenschaften hat Wasser?

- ☐ fest
- ☐ geschmacklos
- ☐ heiß
- ☐ geruchlos
- ☐ süß

2. Welchen Aggregatzustand hat Wasser? Schreibe den Aggregatzustand in die Kästchen.
Wörter: flüssig, fest, gasförmig

3. Wo wird Wasser benutzt? Schneide (→ ausschneiden) die Wassertropfen aus und ordne (→ zuordnen) sie den Beispielen zu.

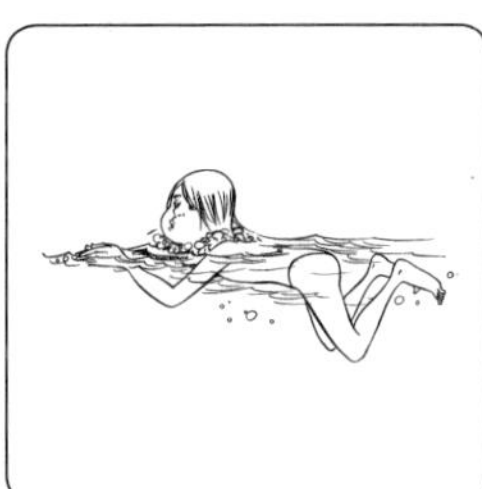

Eigenschaften von Wasser

1. Frage: Welche Materialien schwimmen auf dem Wasser?

Vermutung:

Kreuze (→ ankreuzen) deine Vermutung an.

Material	schwimmt	schwimmt nicht
das Streichholz		
die Büroklammer		
der Radiergummi		
das Papier		
das Öl		

Durchführung:

Beobachtung:

Material	schwimmt	schwimmt nicht
das Streichholz		
die Büroklammer		
der Radiergummi		
das Papier		
das Öl		

Erklärung: Fülle die Lücken mit den richtigen Wörtern aus.

Wörter: höhere (→ hoch) *Dichte, höhere Siedetemperatur, niedrigere* (→ niedrig) *Schmelztemperatur, niedrigere Dichte*

Die Materialien, die auf dem Wasser schwimmen können, haben eine ____________________ ____________________ als Wasser. Die Materialien, die nicht auf dem Wasser schwimmen können, haben eine ____ als Wasser.

Julien Bettner: Chemieunterricht mit DaZ-Schülern 5–10

1. Beobachtung:

Material	schwimmt	schwimmt nicht
das Streichholz	✗	
die Büroklammer		✗
der Radiergummi		✗
das Papier	✗	
das Öl	✗	

Erklärung:

Die Materialien, die auf dem Wasser schwimmen können, haben eine *niedrigere Dichte* als Wasser. Die Materialien, die nicht auf dem Wasser schwimmen können, haben eine *höhere Dichte* als Wasser.

1. a) Welche Siedetemperatur hat Wasser?

- [x] 100 °C
- [ ] 50 °C
- [ ] 78 °C

b) Bei welcher Temperatur schmilzt (→ schmelzen) Wasser?

- [ ] 4 °C
- [ ] 10 °C
- [x] 0 °C

c) Welche Stoffeigenschaften hat Wasser?

- [ ] fest
- [x] geschmacklos
- [ ] heiß
- [x] geruchlos
- [ ] süß

2.

3.

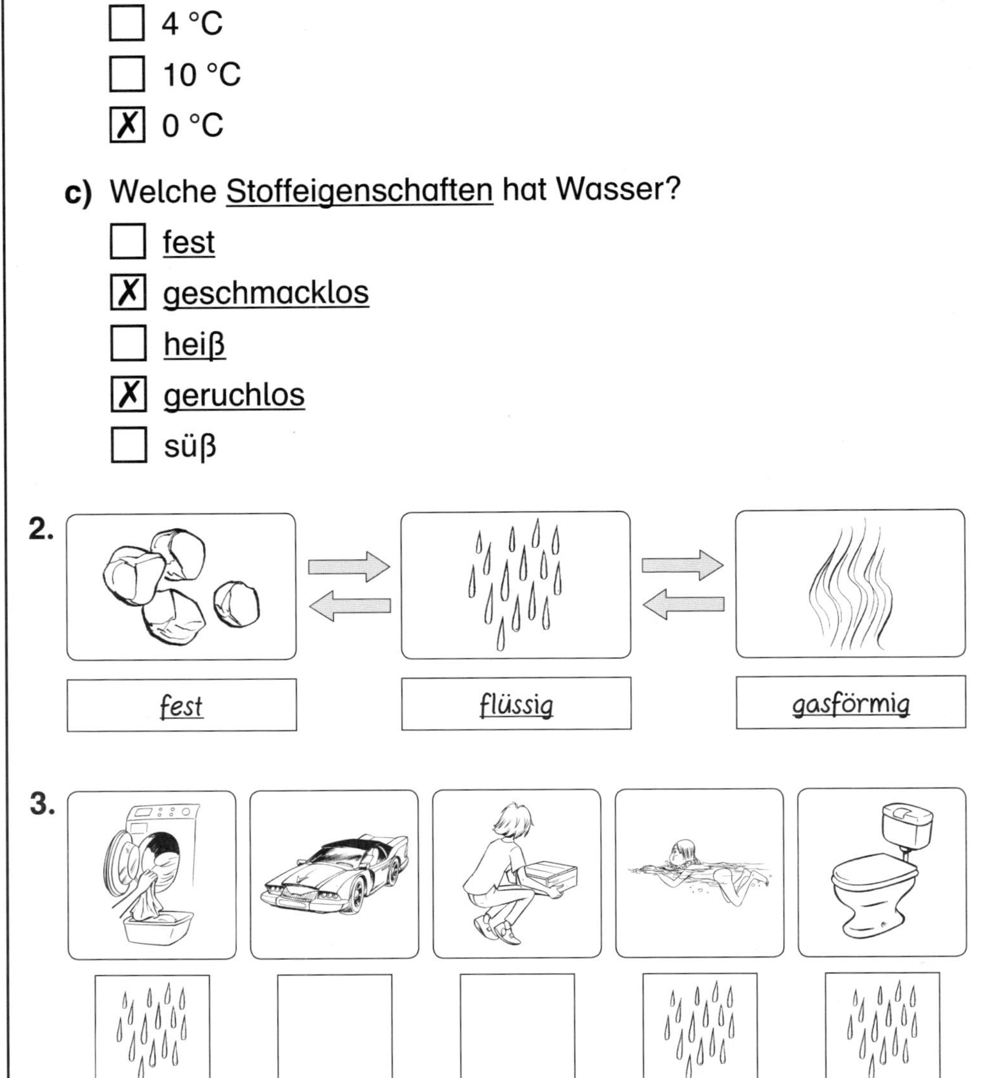

Atommodell

Atommodell

		die Atomhülle die Atomhüllen *the atomic shell*

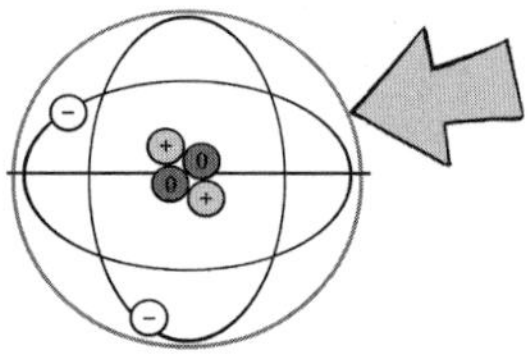

Atommodell

		der Atomkern die Atomkerne *the atomic nucleus*

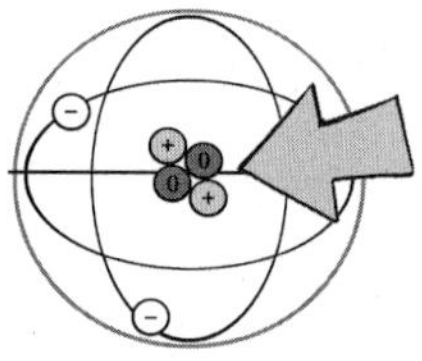

Atommodell

		das Elektron die Elektronen *the electron*

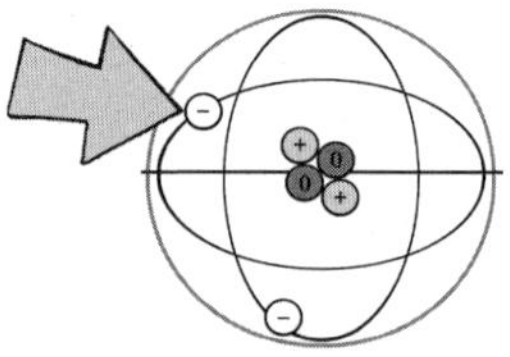

Atommodell

	kreisförmig *circular*	der Kreis die Kreise *the circle*

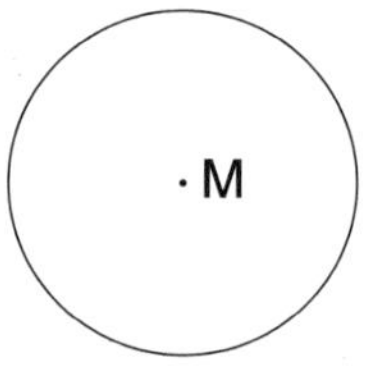

·M

Atommodell

		die Massenzahl die Massenzahlen *the mass number*

2 4,0026
He
Helium

Atommodell

		das Neutron die Neutronen *the neutron*

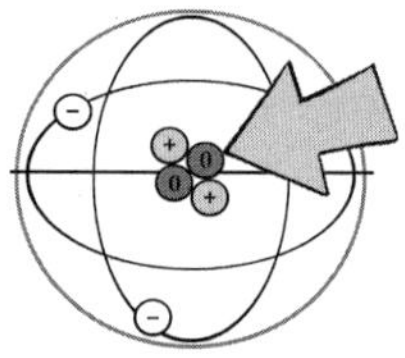

Atommodell

		die Ordnungszahl die Ordnungszahlen *the atomic number*

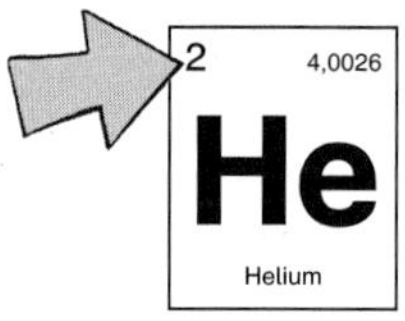

2 4,0026
He
Helium

Atommodell

1. a) Schneide (→ ausschneiden) die Kreise rechts aus.
   b) Beschrifte die Kreise mit „+“ für positiv, „–“ für negativ oder „0“ für neutral.
   c) Ordne (→ zuordnen) die Kreise dem Atomkern oder der Atomhülle zu.

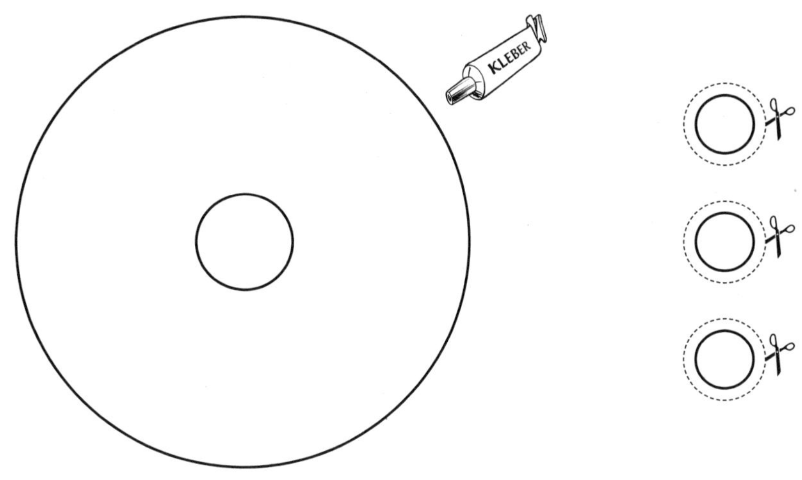

2. Jedes Element besitzt eine eigene Anzahl an Protonen, Neutronen und Elektronen.
   a) Lies (→ lesen) das Beispiel.

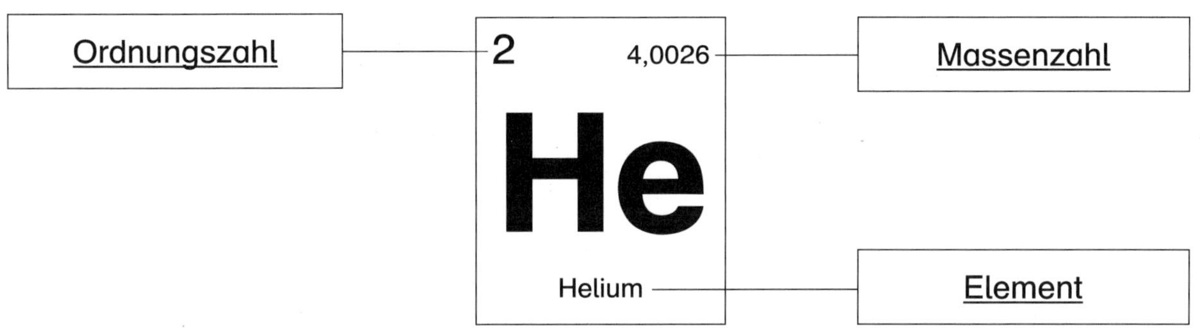

Tipp: Ordnungszahl = Anzahl der Protonen und Elektronen
Massenzahl – Ordnungszahl = Anzahl der Neutronen

Beispiel: Helium (He): Anzahl Protonen: 2
Anzahl Elektronen: 2
Anzahl Neutronen: 2

b) Fülle die Tabelle aus.

Element	Anzahl Protonen	Anzahl Elektronen	Anzahl Neutronen
Wasserstoff (H)		1	
Schwefel (S)	16		
Eisen (Fe)			30
Sauerstoff (O)			

Atommodell

1. a) Beschrifte das Atom richtig.
Wörter: Atomhülle, Atomkern, Elektron

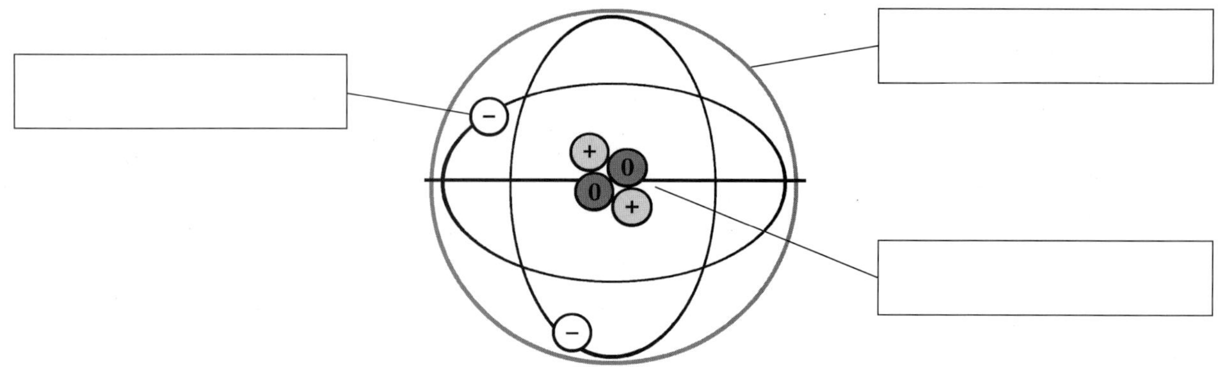

b) Schreibe die richtigen Wörter in die Lücken.
Wörter: positiv, negativ, Atomkern, Neutronen, Atomkern

Protonen sind ________________ (+) geladen (→ laden) und sind im ________________.

________________ sind neutral (0) geladen und sind im ________________.

Elektronen sind ________________ (–) geladen und sind in der Atomhülle.

2. Jedes Element besitzt eine eigene Anzahl an Protonen, Neutronen und Elektronen.

a) Sieh (→ sehen) dir das Beispiel an.

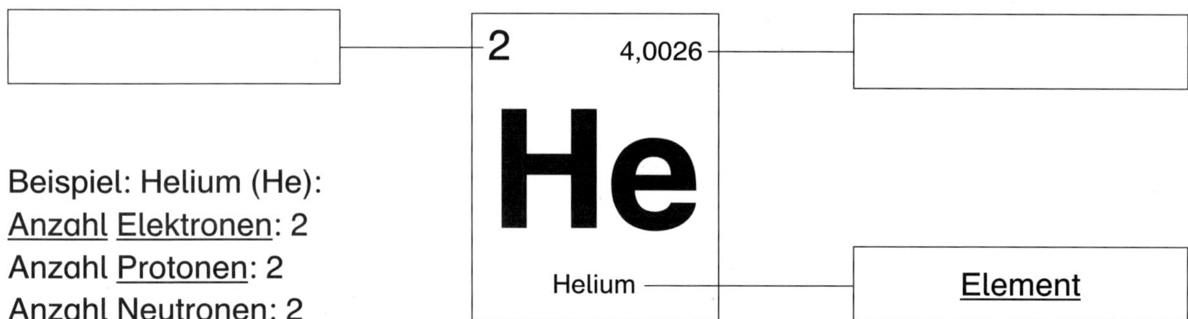

Beispiel: Helium (He):
Anzahl Elektronen: 2
Anzahl Protonen: 2
Anzahl Neutronen: 2

b) Beschrifte die Kästchen im Beispiel.
Wörter: Massenzahl, Ordnungszahl

c) Fülle die Tabelle aus.

Element	Anzahl Protonen	Anzahl Elektronen	Anzahl Neutronen
Xenon (Xe)		54	
Brom (Br)	35		
Kupfer (____)			
Gold (____)			
Hassium (____)			

Atommodell

1.

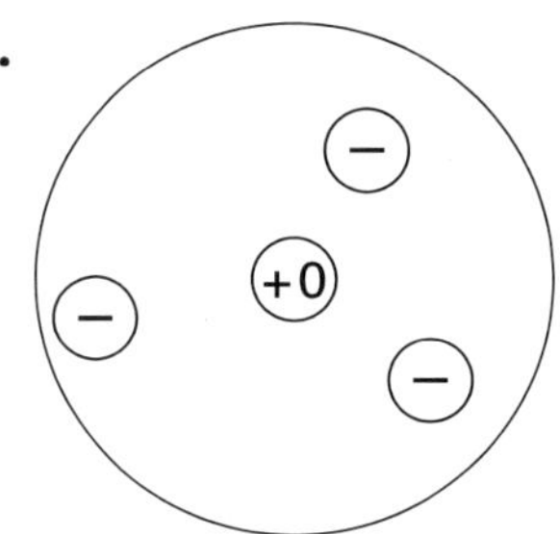

2. b)

Element	Anzahl Protonen	Anzahl Elektronen	Anzahl Neutronen
Wasserstoff (H)	1	1	0
Schwefel (S)	16	16	16
Eisen (Fe)	26	26	30
Sauerstoff (O)	8	8	8

---

1. a)

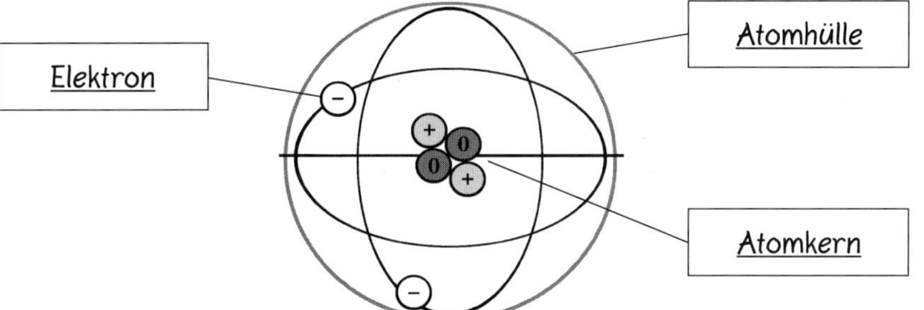

b) Protonen sind positiv (+) geladen (→ laden) und sind im Atomkern.
Neutronen sind neutral (0) geladen und sind im Atomkern.
Elektronen sind negativ (–) geladen und sind in der Atomhülle.

2. b)

Ordnungszahl — 2 | 4,0026 — Massenzahl

He

Helium — Element

c)

Element	Anzahl Protonen	Anzahl Elektronen	Anzahl Neutronen
Xenon (Xe)	54	54	77
Brom (Br)	35	35	45
Kupfer (Cu)	29	29	35
Gold (Au)	79	79	118
Hassium (Hs)	108	108	162

Chemische Zeichensprache

Chemische Zeichensprache		
		die chemische Formel die chemischen Formeln *the chemical formula*
H_2O		

Chemische Zeichensprache		
		das Elementsymbol **die Elementsymbole** *the chemical symbol*
Eisen → (Fe) **Sauerstoff → (O)** **Wasserstoff → (H)** **Natrium → (Na)**		

Chemische Zeichensprache		
		das Verhältnis die Verhältnisse *the proportion*
Cola 1 €	Cola Cola 2 €	

Arbeitsblatt

Chemische Zeichensprache

1. Verbinde die richtigen Kästchen.

Aluminium	Na
Natrium	Fe
Wasserstoff	Al
Sauerstoff	Cu
Eisen	O
Schwefel	Ag
Kupfer	H
Kohlenstoff	Au
Silber	S
Gold	C

Elemente verbinden sich miteinander und bilden Verbindungen. Man nennt dies chemische Formeln. Chemische Formeln zeigen Elementsymbole und das Zahlenverhältnis der Elemente.

2. a) Schreibe die chemischen Formeln dieser Verbindungen:

- Kohlenstoffdioxid (1:2): ____________________
- Wasser (Wasserstoff:Sauerstoff/2:1): ____________________

> Tipp: Namensgebung: 1. Element + 2. Element (Kürzel)
> Sauerstoff = -oxid, Schwefel = -sulfid, Brom = -bromid,
> Chlor = -chlorid, Fluor = -fluorid, Iod = -iodid

b) Schreibe die chemischen Formeln und benenne (→ nennen) sie.

- Silber + Schwefel (2:1): ____________________
- Aluminium + Sauerstoff (2:3): ____________________
- Aluminium + Chlor (1:3): ____________________

3. Reaktionsschema

Schreibe die Reaktionsschemas dieser chemischen Reaktionen.

Alle Gase kommen nur im Molekül vor (z. B. Sauerstoff: O → O_2).

a) Natrium und Schwefel reagieren zu Natriumsulfid (2:1):

____

____

b) Eisen und Schwefel reagieren zu Eisensulfid (1:1):

____

____

c) Schwefel und Sauerstoff reagieren zu Schwefeldioxid (1:2):

____

____

Chemische Zeichensprache

Elemente verbinden sich miteinander und bilden Verbindungen. Man nennt dies chemische Formeln. Chemische Formeln zeigen Elementsymbole und das Zahlenverhältnis der Elemente.

1. a) Schreibe die chemischen Formeln dieser Verbindungen:

- Silberoxid (Zahlenverhältnis 2:1):

____

- Magnesiumbromid (Zahlenverhältnis 2:1):

____

- Wasser (Wasserstoff:Sauerstoff/2:1):

____

- Schwefeltrioxid (1:3):

____

> Tipp: Namensgebung: 1. Element + 2. Element (Kürzel)
> Sauerstoff = -oxid, Schwefel = -sulfid, Brom = -bromid,
> Chlor = -chlorid, Fluor = -fluorid, Iod =-iodid

b) Schreibe die chemischen Formeln und benenne (→ nennen) sie.

- Silber + Schwefel (2:1): ____________________
- Aluminium + Sauerstoff (2:3): ____________________
- Aluminium + Chlor (1:3): ____________________
- Calcium + Brom (1:2): ____________________

2. Reaktionsschema

Schreibe die Reaktionsschemas dieser chemischen Reaktionen.

Alle Gase kommen nur im Molekül vor (z. B. Sauerstoff: O → O_2).

a) Wasserstoff und Sauerstoff reagieren zu Wasser:

____

b) Stickstoff und Wasserstoff reagieren zu Ammoniak (Stickstoff:Wasserstoff/1:3):

____

c) Schwefeldioxid besteht aus Schwefel und Sauerstoff (1:2):

____

3. Magnesium und Wasser reagieren zu Magnesiumhydroxid ($Mg(OH)_2$) und Wasserstoff. Schreibe diese falschen Reaktionsschemas richtig auf:

Calcium + Wasser → Magnesiumhydroxid und Sauerstoff
$Mg_2 + H_2Cl \rightarrow MgCl_2 + H$

____

Chemische Zeichensprache

1.

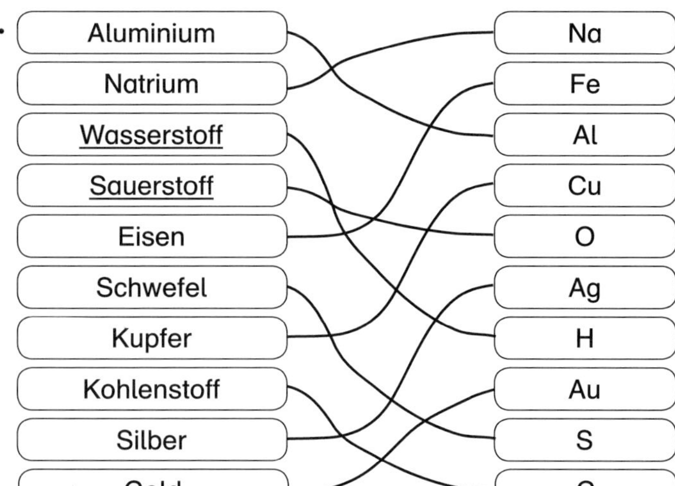

2. a)
- Kohlenstoffdioxid (1:2): CO_2
- Wasser (Wasserstoff:Sauerstoff/2:1): H_2O

b)
- Silber + Schwefel (2:1): *Silbersulfid (Ag_2S)*
- Aluminium + Sauerstoff (2:3): *Aluminiumoxid (Al_2O_3)*
- Aluminium + Chlor (1:3): *Aluminiumchlorid ($AlCl_3$)*

3. a) *Natrium + Schwefel → Natriumsulfid* $2\,Na + S \rightarrow Na_2S$

b) *Eisen + Schwefel → Eisensulfid* $Fe + S \rightarrow FeS$

c) *Schwefel + Sauerstoff → Schwefeldioxid* $S + O_2 \rightarrow SO_2$

---

1. a)
- Silberoxid (Zahlenverhältnis 2:1): Ag_2O
- Magnesiumbromid (Zahlenverhältnis 2:1): $MgBr_2$

- Wasser (Wasserstoff:Sauerstoff/2:1): H_2O
- Schwefeltrioxid (1:3): SO_3

b)
- Silber + Schwefel (2:1): *Silbersulfid (Ag_2S)*
- Aluminium + Sauerstoff (2:3): *Aluminiumoxid (Al_2O_3)*
- Aluminium + Chlor (1:3): *Aluminiumchlorid ($AlCl_3$)*
- Calcium + Brom (1:2): *Calciumbromid ($CaBr_2$)*

2. a) *Wasserstoff + Sauerstoff → Wasser* $2\,H_2 + O_2 \rightarrow 2\,H_2O$

b) *Stickstoff + Wasserstoff → Ammoniak* $N_2 + 3\,H_2 \rightarrow 2\,NH_3$

c) *Schwefel + Sauerstoff → Schwefeldioxid* $S + O_2 \rightarrow SO_2$

3. *Magnesium + Wasser → Magnesiumhydroxid + Wasserstoff*
$Mg + 2\,H_2O \rightarrow Mg(OH)_2 + H_2$

Chemische Bindungen

Chemische Bindungen

		die Atombindung die Atombindungen *the molecular bond*

H· + H· → H–H

Chemische Bindungen

		das Außenelektron die Außenelektronen *the valence electron*

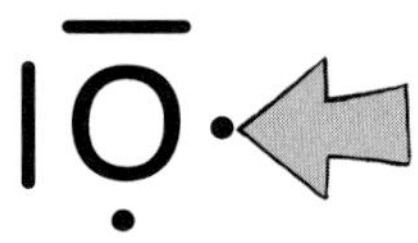

Chemische Bindungen

		die Elektronenschreibweise die Elektronenschreibweisen *the electronic notation*

H·

Chemische Bindungen

		die Hauptgruppenzahl die Hauptgruppenzahlen *the main group number*

	I	II	III	IV	V	VI	VII	VIII
1	**H**							**He**
2	**Li**	**Be**	**B**	**C**	**N**	**O**	**F**	**Ne**
3	**Na**	**Mg**	**Al**	**Si**	**P**	**S**	**Cl**	**Ar**

Chemische Bindungen

		die Ionenbindung die Ionenbindungen *the ionic bonding*

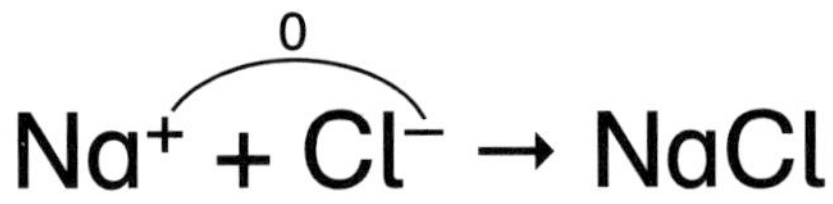

0

$Na^+ + Cl^- \rightarrow NaCl$

Chemische Bindungen

		die Salzsäure – *the hydrochloric acid*

HCl

Chemische Bindungen

		die Wertigkeit die Wertigkeiten *the valency*

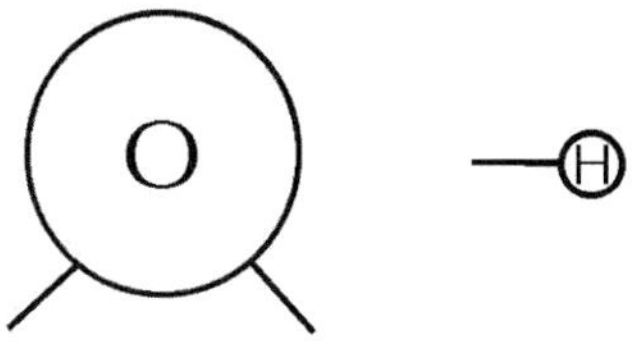

O

H

1. Kreuze (→ ankreuzen) die richtigen Antworten an.

- ☐ Ionenbindungen gibt (→ geben) es in Stoffgemischen.
- ☐ Elemente können negative (–) oder positive (+) Energie haben.
- ☐ Die Ladung kann man an der Hauptgruppenzahl ablesen (→ lesen).
- ☐ Die Ladung kann man am Aggregatzustand ablesen.
- ☐ Elemente können negativ (–) oder positiv (+) geladen (→ laden) sein.
- ☐ Ionenbindungen gibt es in Salzen.

> Tipp: Hauptgruppenzahl I–IV = positive Ladung
> Hauptgruppenzahl V–VII = negative Ladung
> Anzahl der Ladung = Wertigkeit
>
> Ca^{2+}
> (Calcium = Hauptgruppe II)

2. Ionen sind positiv (+) oder negativ (–) geladen (→ laden). Man kann die Ladung an der Hauptgruppenzahl ablesen (→ lesen).

Sieh (→ sehen) das Beispiel an und schreibe die anderen Elemente.

Natrium: ______________________ Kalium: ______________________

Magnesium: ______________________ Brom: ______________________

Aluminium: ______________________ Schwefel: ______________________

> Die Ladungen in einem Stoff oder Salz müssen immer zusammen neutral sein.
> Beispiel: Calciumchlorid: Calcium: Ca^{2+}, Chlor: Cl^- → 2 × Cl^-
> Verbindung: $CaCl_2$: (+2) + (–2) = 0 (neutral)

3. Schreibe die Verbindungen dieser Salze auf. Schreibe die Ionen jedes Elements auf.

a) Natriumchlorid:

____

____

b) Magnesiumfluorid:

____

____

c) Aluminiumbromid:

____

____

Für eine Atombindung sind die Außenelektronen der Elemente wichtig.

> Tipp: Außenelektron = Hauptgruppenzahl
> 1.–4. Außenelektron = 1–4 Punkte, ab 5. Außenelektron = 2. Punkt → Strich

1. Sieh (→ sehen) dir die Beispiele an und schreibe weitere Elemente in die Kästchen.

|O̅· H·

Schwefel	Stickstoff	Lithium	Iod	Chlor	Aluminium

2. Eine Atombindung entsteht durch zwei freie Außenelektronen.
Beispiel: Wasser (H_2O)

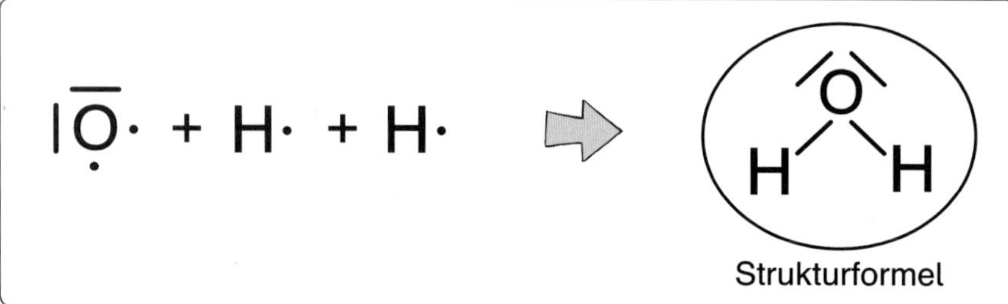

Zeichne die Atombindung dieser Stoffe:

	Elektronenschreibweise:	Atombindung:
• Salzsäure (HCl)	H· +	H—
• Kohlenstoffdioxid (CO_2)	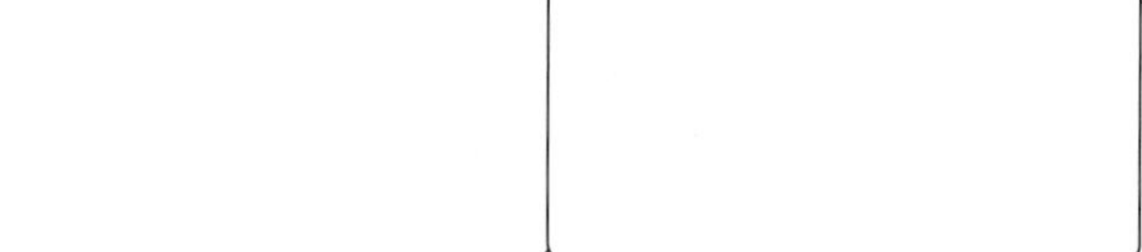	
• Ammoniak (NH_3)	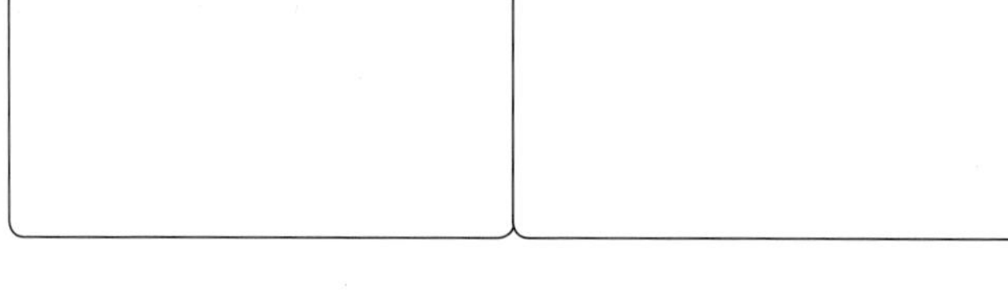	
• Methan (CH_4)		

Chemische Bindungen

1. ☐ Ionenbindungen gibt (→ geben) es in Stoffgemischen.
   ☐ Elemente können negative (–) oder positive (+) Energie haben.
   ☒ Die Ladung kann man an der Hauptgruppenzahl ablesen (→ lesen).
   ☐ Die Ladung kann man am Aggregatzustand ablesen.
   ☒ Elemente können negativ (–) oder positiv (+) geladen (→ laden) sein.
   ☒ Ionenbindungen gibt es in Salzen.

2. Natrium: Na^{+} Aluminium: Al^{3+} Brom: Br^{-}
   Magnesium: Mg^{2+} Kalium: K^{+} Schwefel: S^{2-}

3. a) Natriumchlorid: Natrium: Na^{+}, Chlor: Cl^{-}
   Verbindung: NaCl: (1+) + (1–) = 0

   b) Magnesiumfluorid: Magnesium: Mg^{2+}, Fluor: F^{-}
   Verbindung: MgF_2: (2+) + (2–) = 0

   c) Aluminiumbromid: Aluminium Al^{3+}, Brom: Br^{-}
   Verbindung: $AlBr_3$: (3+) + (3–) = 0

1.

Schwefel	Stickstoff	Lithium	Iod	Chlor	Aluminium
·S̄I (mit Punkt unten)	IṄ· (mit Punkt unten)	Li·	I Ī · (mit Strich unten)	IC̄l· (mit Strich unten)	Ȧl· (mit Punkt unten)

2.

	Elektronenschreibweise:	Atombindung:
• Salzsäure (HCl)	H· + IC̄l·	H—C̄lI
• Kohlenstoffdioxid (CO_2)	·Ċ· + IŌ· + IŌ·	⟨O=C=O⟩
• Ammoniak (NH_3)	IṄ· + H· H· H·	H—N̄—H, darunter H
• Methan (CH_4)	·Ċ· + H· H· H· H·	H—C—H, mit H oben und H unten

Säuren als Protonendonator

Säuren als Protonendonator

		die Flusssäure – *the hydrofluoric acid*

HF

Säuren als Protonendonator

		die Phosphorsäure – *the phosphoric acid*

H_3PO_4

Säuren als Protonendonator

		der Protonendonator die Protonendonatoren *the proton donor*

$HCl \rightarrow Cl^- + H^+$

Säuren als Protonendonator

		die Salpetersäure – *the nitric acid*

HNO_3

Säuren als Protonendonator

		die Salzsäure – *the hydrochloric acid*

HCl

Säuren als Protonendonator

		das Säurerestion die Säurerestionen *the acid residue ion*

$HCl \rightarrow Cl^-$

Säuren als Protonendonator

		die Schwefelsäure – *the sulphuric acid*

H_2SO_4

Säuren als Protonendonator

1. Verbinde die Säuren mit ihren richtigen chemischen Formeln.

Salzsäure	H_2CO_3
Schwefelsäure	H_2SO_4
Kohlensäure	HCl

2. a) Schneide (→ ausschneiden) die richtigen Stoffeigenschaften aus und ordne (→ zuordnen) sie den Säuren zu.

b) Zeichne eine Stoffeigenschaft dazu.

Stoffeigenschaften von Säuren:

Säuren als Protonendonator

1. Verbinde die Säuren mit ihren richtigen chemischen Formeln.

Säure	Formel
Salzsäure	H_2CO_3
Schwefelsäure	H_2SO_4
Salpetersäure	HCl
Phosphorsäure	HF
Kohlensäure	HNO_3
Flusssäure	H_3PO_4

2. a) Kreuze (→ ankreuzen) die richtigen Stoffeigenschaften von Säuren an.

b) Zeichne eine Stoffeigenschaft dazu.

☐ ☐ ☐ ☐

3. Säuren als Protonendonatoren

a) Schreibe die richtigen Wörter in die Lücken.
Wörter: Protonendonatoren, H_3O^+, Wasserstoffatom, Säurerestion

Säuren reagieren in Wasser und geben (→ abgeben) ein ______________________,

das Proton, ab. Säuren nennt man ______________________.

Wasser (H_2O) nimmt (→ aufnehmen) ein Proton auf und es entsteht ____________. Wenn

die Säure das Proton abgibt (→ abgeben), bleibt ein ______________________.

b) Wie werden die Säurerestionen der Säuren genannt (→ nennen)?
Schneide (→ ausschneiden) die Kästchen aus und ordne (→ zuordnen) sie zu.

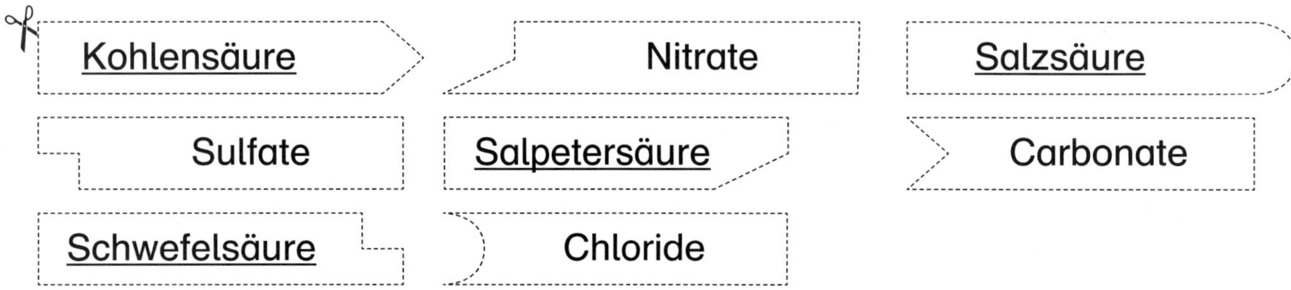

Säuren als Protonendonator

1.

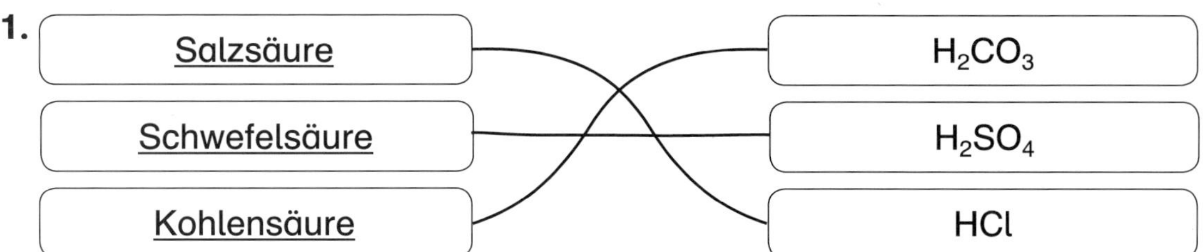

2.

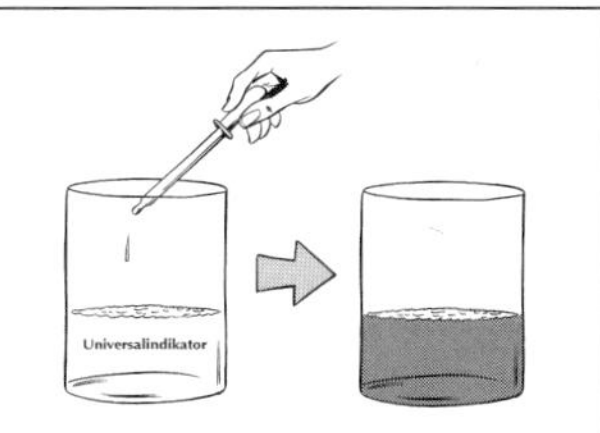

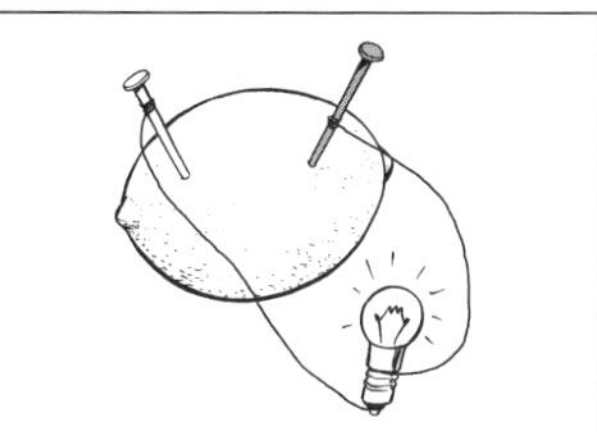

1.

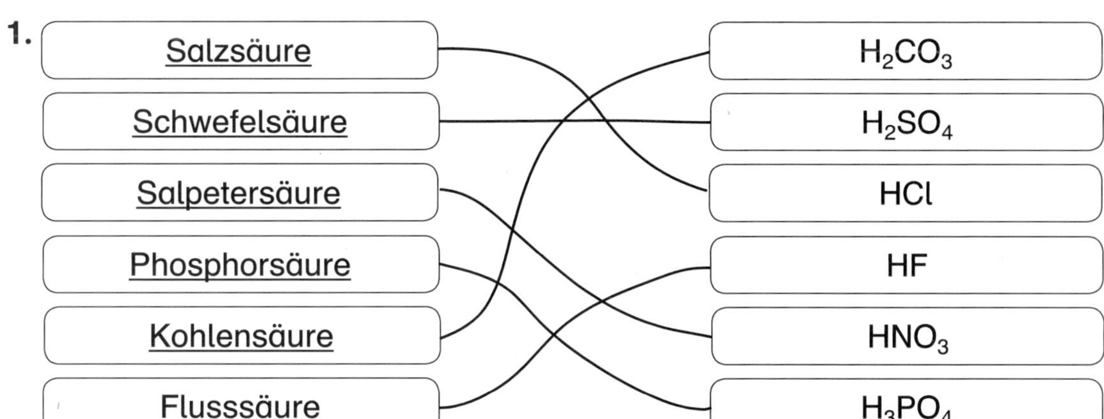

2.

[X]

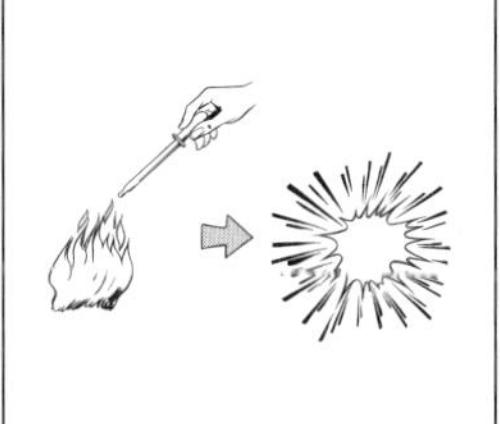

[ ]

[ ]

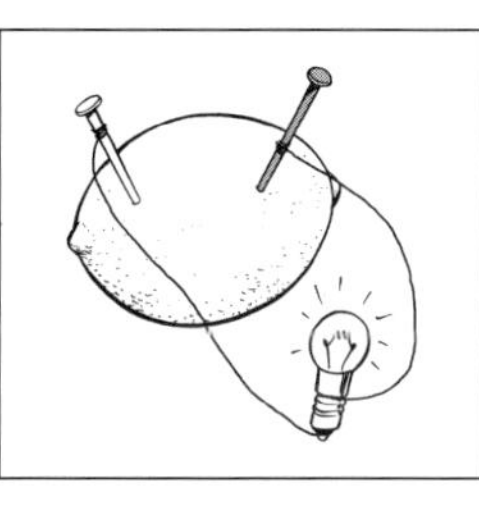

[X]

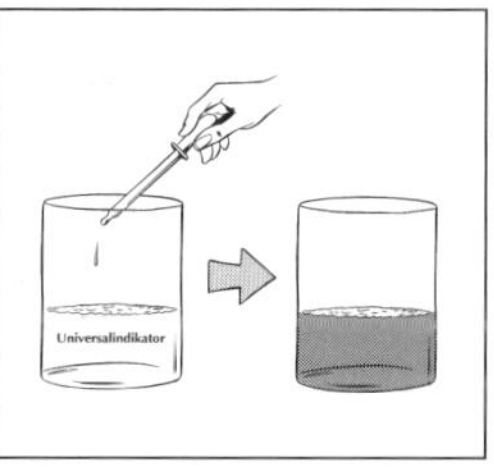

3. a) Säuren reagieren in Wasser und geben (→ abgeben) ein *Wasserstoffatom*, das Proton, ab.
Säuren nennt man *Protonendonatoren*.
Wasser (H_2O) nimmt (→ aufnehmen) ein Proton auf und es entsteht H_3O^+. Wenn die Säure das Proton abgibt (→ abgeben), bleibt ein *Säurerestion*.

b)

Kohlensäure	Carbonate
Salzsäure	Chloride
Schwefelsäure	Sulfate
Salpetersäure	Nitrate

Laugen als Protonenakzeptor			Laugen als Protonenakzeptor		
		die Calciumlauge – *the calcium hydroxide solution*			**die Hydroxidgruppe** die Hydroxidgruppen *the hydroxide group*
$Ca(OH)_2$			-OH Beispiele: NaOH, KOH, LiOH		

Laugen als Protonenakzeptor			Laugen als Protonenakzeptor		
		die Kalilauge – *the potassium hydroxide solution*			**die Lithiumlauge** – *the lithium hydroxide solution*
KOH			LiOH		

Laugen als Protonenakzeptor			Laugen als Protonenakzeptor		
		die Magnesiumlauge – *the magnesium hydroxide solution*			**die Natronlauge** – *the sodium hydroxide solution*
$Mg(OH)_2$			NaOH		

Laugen als Protonenakzeptor			Laugen als Protonenakzeptor		
		die Protolyse die Protolysen *the protolysis*			**der Protonenakzeptor** die Protonenakzeptoren *the proton acceptor*
H+ HCl NaOH			$NaOH + HCl \rightarrow NaCl + H_2O$		

Laugen als Protonenakzeptor			Laugen als Protonenakzeptor		
		der Protonendonator die Protonendonatoren *the proton donor*			**die Schwefelsäure** – *the sulphuric acid*
$HCl \rightarrow Cl^- + H^+$			H_2SO_4		

Laugen als Protonenakzeptor

1. Verbinde die Laugen mit ihren richtigen chemischen Formeln.

Natronlauge	$Ca(OH)_2$
Kalilauge	NaOH
Calciumlauge	$Mg(OH)_2$
Magnesiumlauge	KOH

2. Kreuze (→ ankreuzen) die richtige Antwort an.

a) Wie werden Laugen genannt (→ nennen)?

- ☐ die Protonenakzeptoren
- ☐ die Protonendonatoren
- ☐ die Wasserstoffatome

b) Wie werden Säuren genannt?

- ☐ die Protonenakzeptoren
- ☐ die Protonendonatoren
- ☐ die Stoffgemische

c) Wie wird die Übergabe des Wasserstoffatoms genannt?

- ☐ die Verbindung
- ☐ die Protoloyse
- ☐ die Verbrennung

d) Wie nehmen (→ aufnehmen) die Laugen das Wasserstoffatom auf?

- ☐ über die Siedetemperatur
- ☐ über die Protolyse
- ☐ über die Hydroxidgruppe (OH)

3. Neutralisation

a) Schreibe die richtigen Wörter in die Lücken.
Wörter: Wasser, Lauge

Säure + ______________ → Salz + ____________________

b) Schreibe das Reaktionsschema der Reaktion von Natronlauge und Salzsäure.

Wortgleichung: ____

Reaktionsgleichung: ____

Laugen als Protonenakzeptor

1. Schreibe die Lauge oder die chemische Formel dazu.

Lauge	Chemische Formel
Kalilauge	
	NaOH
	$Mg(OH)_2$
Calciumlauge	
Lithiumlauge	

2. Laugen als Protonenakzeptoren
Schreibe die richtigen Wörter in die Lücken.

Wörter: Protonenakzeptoren, Protonendonatoren, Wasserstoffatom, aufnehmen, Hydroxidgruppe (OH), Wasser, Protolyse

Säuren sind ____________________. Sie geben (→ abgeben) ein

______________ ab.

Laugen können dieses Wasserstoffatom _______________. Sie werden

____________________ genannt (→ nennen).

Diesen Vorgang nennt man _________________. Die Laugen nehmen

(→ aufnehmen) das Wasserstoffatom mit ihrer _________________________ auf.

Es entsteht _________________.

3. a) Schreibe das Reaktionsschema der Reaktion einer Lauge mit einer Säure.
Wie nennt man diese Reaktion?

____

b) Schreibe das Reaktionsschema von Magnesiumlauge und Schwefelsäure.

Wortgleichung: _______________________________________

Reaktionsgleichung: ___________________________________

c) Schreibe das Reaktionsschema von Lithiumlauge und Kohlensäure.

Wortgleichung: _______________________________________

Reaktionsgleichung: ___________________________________

Lösung

Laugen als Protonenakzeptor

1\.

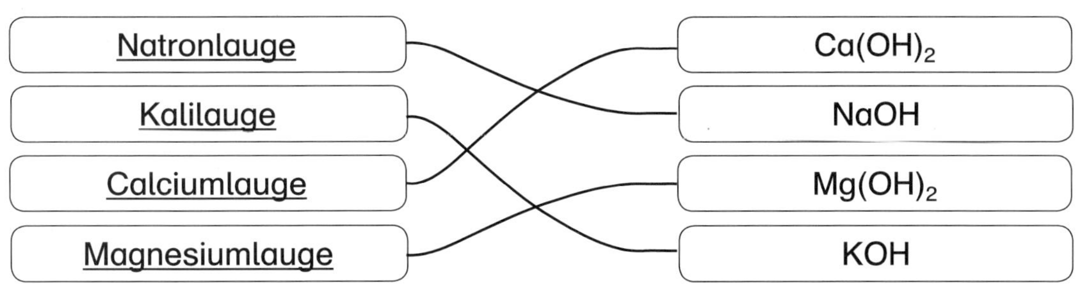

2\. a) ☒ die Protonenakzeptoren
☐ die Protonendonatoren
☐ die Wasserstoffatome

b) ☐ die Protonenakzeptoren
☒ die Protonendonatoren
☐ die Stoffgemische

c) ☐ die Verbindung
☒ die Protoloyse
☐ die Verbrennung

d) ☐ über die Siedetemperatur
☐ über die Protolyse
☒ über die Hydroxidgruppe (OH)

3\. a) Säure + Lauge → Salz + Wasser

b) Wortgleichung: Natronlauge + Salzsäure → Natriumchlorid + Wasser
Reaktionsgleichung: $NaOH + HCl \rightarrow NaCl + H_2O$

1\.

Lauge	Chemische Formel
Kalilauge	KOH
Natronlauge	NaOH
Magnesiumlauge	$Mg(OH)_2$
Calciumlauge	$Ca(OH)_2$
Lithiumlauge	LiOH

2\. Säuren sind Protonendonatoren. Sie geben (→ abgeben) ein Wasserstoffatom ab. Laugen können dieses Wasserstoffatom aufnehmen. Sie werden Protonenakzeptoren genannt (→ nennen). Diesen Vorgang nennt man Protolyse. Die Laugen nehmen (→ aufnehmen) das Wasserstoffatom mit ihrer Hydroxidgruppe (OH) auf. Es entsteht Wasser.

3\. a) Neutralisation: Säure + Lauge → Salz + Wasserdampf

b) Wortgleichung: Magnesiumhydroxid + Schwefelsäure → Magnesiumsulfat + Wasser
Reaktionsgleichung: $Mg(OH)_2 + H_2SO_4 \rightarrow MgSO_4 + 2\ H_2O$

c) Wortgleichung: Lithiumhydroxid + Kohlensäure → Lithiumcarbonat + Wasser
Reaktionsgleichung: $2\ LiOH + H_2CO_3 \rightarrow Li_2CO_3 + 2\ H_2O$

pH-Wert

pH-Wert		
	alkalisch *alkaline*	

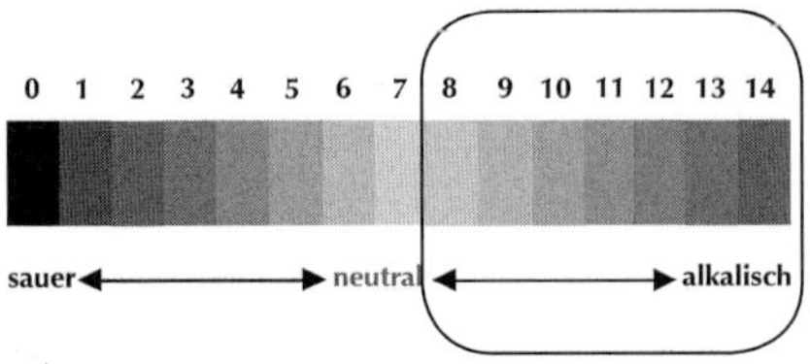

pH-Wert		
		die Gasflasche die Gasflaschen *the gas cylinder*

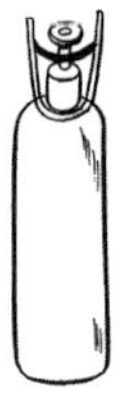

pH-Wert		
	groß *big*	die Größe die Größen *the dimension*

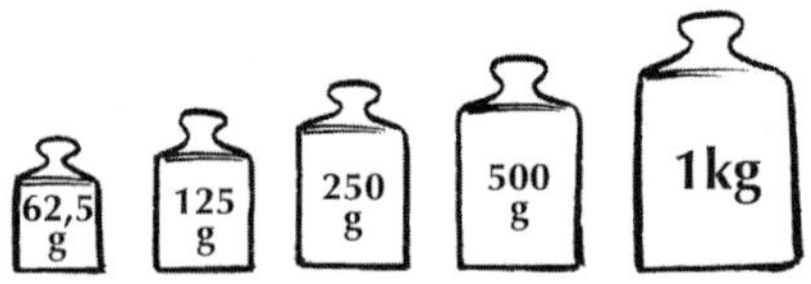

pH-Wert		
	klein *small*	

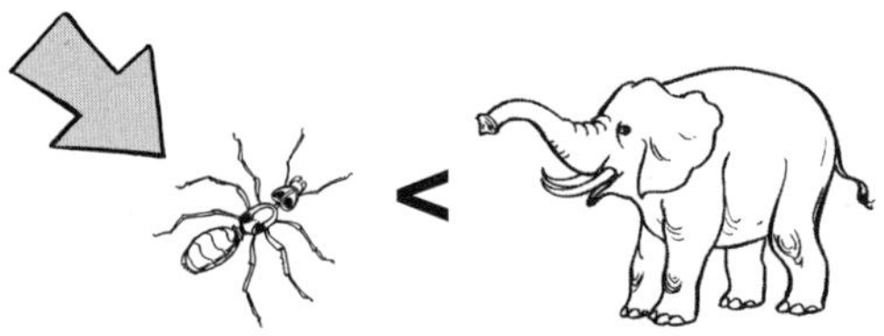

pH-Wert		
		das pH-Papier die pH-Papiere *the pH-paper*

pH-Wert		
		der pH-Wert die pH-Werte *the pH value*

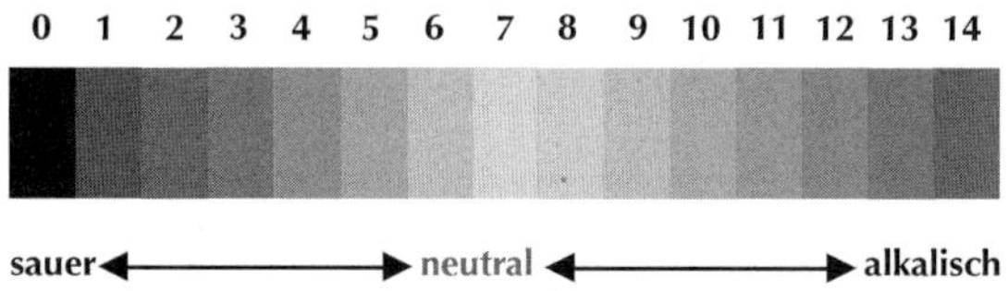

pH-Wert		
		die Skala die Skalen *the scale*

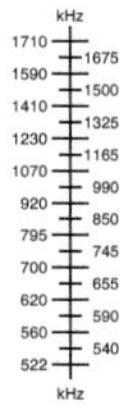

pH-Wert

1. a) Kreuze (→ ankreuzen) die richtige Antwort an.

- [ ] Säuren haben immer den pH-Wert 8–14.
- [ ] Laugen haben immer den pH-Wert 8–14.
- [ ] Wasser hat den pH-Wert 15.
- [ ] Säuren und Laugen haben zusammen den pH-Wert 20.
- [ ] Säuren und Laugen neutralisieren sich gegenseitig und werden zu Wasser.

b) Schreibe die falschen Sätze richtig auf.

____

____

____

____

3. Beschrifte die Skala mit den richtigen Wörtern.
Wörter: neutral, sauer, alkalisch

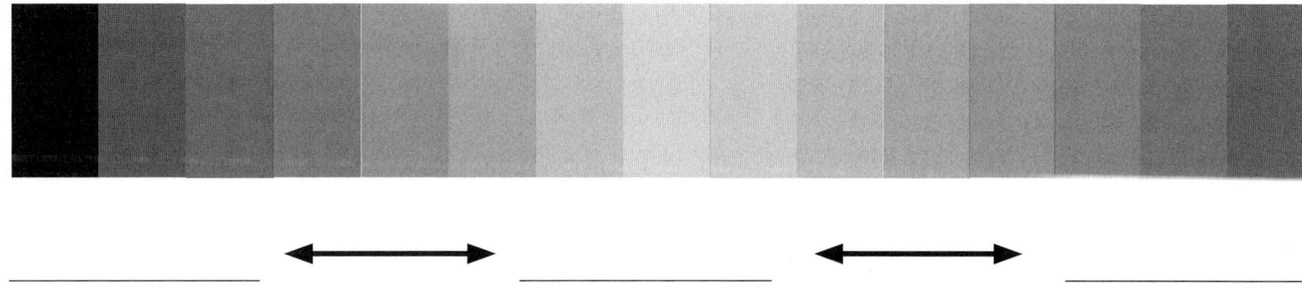

__________ ←→ __________ ←→ __________

3. a) Schneide (→ ausschneiden) die Stoffe unten (↓) aus.
b) Ordne (→ zuordnen) die Stoffe der Skala zu.

 die Seife	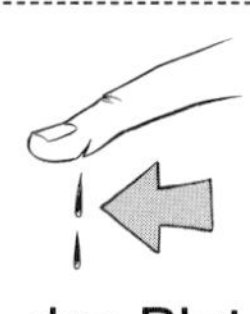 das Blut	 das Wasser	 der Orangensaft	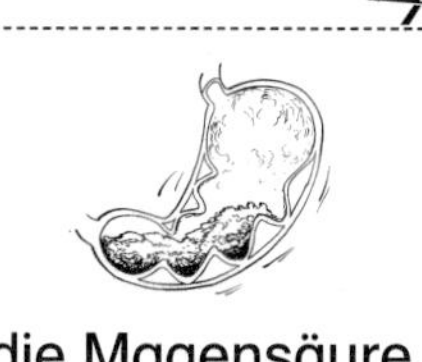 die Magensäure

pH-Wert

1. Experiment

Material:

 das Becherglas	 der Gasbrenner	 das pH-Papier	 das Wasser	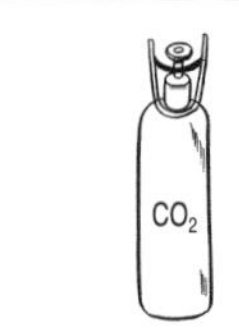 die Gasflasche mit Kohlenstoffdioxid

Durchführung:

a) Fülle das Becherglas mit Wasser.

b) Gib (→ geben) das Kohlenstoffdioxid über die Gasflasche in das Wasser.

c) Erhitze das Stoffgemisch mit dem Gasbrenner.

d) Überprüfe den pH-Wert vor und nach dem Erhitzen.

Vermutung: Welchen pH-Wert hat die Flüssigkeit?

Ich vermute, dass der pH-Wert **vor dem Erhitzen** bei ______________ ist.

Ich vermute, dass der pH-Wert **nach dem Erhitzen** bei ______________ ist.

Beobachtung: **Vor dem Erhitzen** war der pH-Wert bei ______________.

Nach dem Erhitzen war der pH-Wert bei ______________.

Ergebnis: Kreuze (→ ankreuzen) die richtige Antwort an.

- ☐ Durch das Kohlenstoffdioxid im Wasser ist Kohlensäure entstanden (→ entstehen). Kohlensäure ist sauer.
- ☐ Durch das Kohlenstoffdioxid im Wasser ist Sauerstoff entstanden. Sauerstoff ist sauer.
- ☐ Durch das Erhitzen der Flüssigkeit löst sich das Kohlenstoffdioxid aus dem Wasser.
- ☐ Durch das Erhitzen der Flüssigkeit wird mehr Kohlenstoffdioxid in das Wasser gegeben (→ geben).

2. Verbinde die richtigen Kästchen.

Wenn der pH-Wert größer (→ groß) als 7 ist,	ist der Stoff neutral.
Wenn der pH-Wert des Stoffes 7 ist,	ist der Stoff sauer.
Wenn der pH-Wert kleiner (→ klein) als 7 ist,	ist der Stoff alkalisch.

pH-Wert

1. a) ☐ Säuren haben immer den pH-Wert 8–14.
☒ Laugen haben immer den pH-Wert 8–14.
☐ Wasser hat den pH-Wert 15.
☐ Säuren und Laugen haben zusammen den pH-Wert 20.
☒ Säuren und Laugen neutralisieren sich gegenseitig und werden zu Wasser.

b) *Säuren haben immer den pH-Wert 0–6.*
Wasser hat den pH-Wert 7.
Säuren und Laugen haben zusammen den pH-Wert 7. (Neutralisation: Wasser)

2./3.

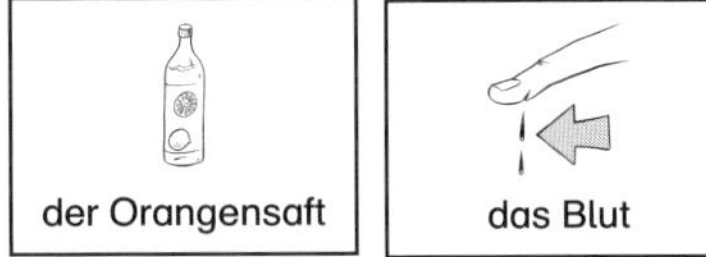

0 1 2 3 4 5 6 7 8 9 10 11 12 13 14

sauer ◀——▶ **neutral** ◀——▶ **alkalisch**

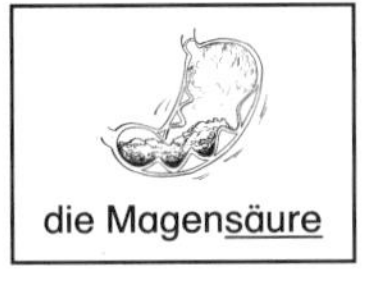

---

1. Beobachtung: **Vor dem Erhitzen** war der pH-Wert bei *4–5*.

Nach dem Erhitzen war der pH-Wert bei *6–7*.

Ergebnis:

☒ Durch das Kohlenstoffdioxid im Wasser ist Kohlensäure entstanden (→ entstehen). Kohlensäure ist sauer.
☐ Durch das Kohlenstoffdioxid im Wasser ist Sauerstoff entstanden. Sauerstoff ist sauer.
☒ Durch das Erhitzen der Flüssigkeit löst sich das Kohlenstoffdioxid aus dem Wasser.
☐ Durch das Erhitzen der Flüssigkeit wird mehr Kohlenstoffdioxid in das Wasser gegeben (→ geben).

2.

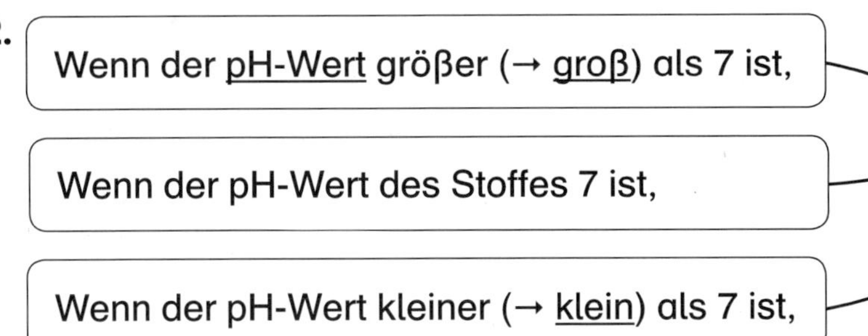

Erhitzen von Wasser

1. Durchführung (Tätigkeitsbeschreibung)

a) Gib in ein 100 ml Becherglas ca. 30 ml Wasser.
b) Stelle das Becherglas auf einen Dreifuß mit Drahtnetz und erhitze das Wasser im Becherglas.
c) Stelle dazu am Gasbrenner die rauschende, blaue Flamme ein und schiebe ihn unter den Dreifuß.
d) Halte ein Thermometer in das Becherglas, welches mithilfe einer Stativklemme und Doppelmuffe an einem Stativ befestigt ist.

2. Einstufung der Gefahrstoffe

Stoffbezeichnung	Signalwort	GHS-Symbol	H-Sätze	EUH-Sätze	P-Sätze	WGK
Keine Gefahrstoffe vorhanden, jedoch besteht Verbrennungsgefahr beim Erhitzen der Wasserproben (Spritzgefahr)	–	–	–	–	–	–

3. Gefahrenabschätzung

Gefahren	Ja	Nein	Sonstige Gefahren und Hinweise
durch Einatmen		✗	a) Durch Verwendung von Siedesteinchen kann die Verbrennungsgefahr durch Siedeverzug minimiert werden. b) Weite Ärmel, Schals und offene Haare vermeiden. c) Feuerfeste Arbeitsplatte aus Metall oder Keramik benutzen. d) Gasbrenner und Becherglas vor dem Wegräumen abkühlen lassen – Vorsicht beim Anfassen!
durch Hautkontakt		✗	
Brandgefahr	✗		
Explosionsgefahr		✗	

4. Substitution von Gefahrstoffen

☒ Nein ☐ Ja

5. Entsorgung

Reste in den Ausguss geben.

6. Schutzmaßnahmen

Mindeststandards TRGS 500	Schutzbrille	Schutzhandschuhe	Abzug	geschlossenes System	Lüftungsmaßnahmen	Brandschutzmaßnahmen	Weitere Maßnahmen:
✗	✗	✗				✗	

7. Sonstiges

Gefahrenhinweise – H-Sätze

–

Ergänzende Gefahrenmerkmale – EUH-Sätze

–

Sicherheitshinweise – P-Sätze

–

Schule: ____________________ Fachlehrer/in: ____________________

Datum: ____________________ Unterschrift: ____________________

Reaktion von Eisen und Schwefel

1. Durchführung (Tätigkeitsbeschreibung)

a) Mische 1,6 g Schwefelpulver mit 1,4 g feinem Eisenpulver gut durch und bringe das Gemisch im Reagenzglas über dem Gasbrenner zur Reaktion (Abzug!).
b) Wiege das Reaktionsprodukt ab und untersuche es auf seine Beschaffenheit.

2. Einstufung der Gefahrstoffe

Stoffbezeichnung	Signalwort	GHS-Symbol	H-Sätze	EUH-Sätze	P-Sätze	WGK
Schwefel Stangenschwefel/ subl. Schwefel	Achtung		H315	–	P302+P352	–
Eisenpulver	Achtung		H228	–	P370+P378b	
Eisen(II)-sulfid (Reaktionsprodukt)	Achtung		H400	EUH031	P273	1
Schwefeldioxid (Nebenprodukt der Reaktion)	Gefahr		H331 H314	EUH071	P260 P280 P315 P405 P403 P303+P361+P353 P304+P340 P305+P351+P338	1

3. Gefahrenabschätzung

Gefahren	Ja	Nein	Sonstige Gefahren und Hinweise
durch Einatmen	✗		a) Schwefeldioxid ist giftig beim Einatmen. Schwefeldioxid verursacht schwere Verätzungen der Haut und schwere Augenschäden. b) Weite Ärmel, Schals und offene Haare vermeiden. c) Feuerfeste Arbeitsplatte aus Metall oder Keramik benutzen. d) Gasbrenner vor dem Wegräumen abkühlen lassen – Vorsicht beim Anfassen!
durch Hautkontakt	✗		
Brandgefahr	✗		
Explosionsgefahr		✗	

4. Substitution von Gefahrstoffen

☒ Nein ☐ Ja

5. Entsorgung

Der Reagenzglasinhalt wird in das Sammelgefäß für feste anorganische Abfälle gegeben.

6. Schutzmaßnahmen

Mindeststandards TRGS 500	Schutzbrille	Schutzhandschuhe	Abzug	geschlossenes System	Lüftungsmaßnahmen	Brandschutzmaßnahmen	Weitere Maßnahmen:
✗	✗	✗	✗			✗	

7. Sonstiges

Gefahrenhinweise – H-Sätze

H228 Entzündbarer Feststoff.
H314 Verursacht schwere Verätzungen der Haut und schwere Augenschäden.
H315 Verursacht Hautreizungen.
H331 Giftig bei Einatmen.
H400 Sehr giftig für Wasserorganismen.

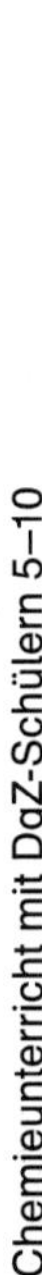

Ergänzende Gefahrenmerkmale – EUH-Sätze
EUH031 Entwickelt bei Berührung mit Säure giftige Gase.
EUH071 Wirkt ätzend auf die Atemwege.

Sicherheitshinweise – P-Sätze
P260 Staub / Rauch / Gas / Nebel / Dampf / Aerosol nicht einatmen.
P273 Freisetzung in die Umwelt vermeiden.
P280 Schutzhandschuhe / Schutzkleidung / Augenschutz / Gesichtsschutz tragen.
P315 Sofort ärztlichen Rat einholen / ärztliche Hilfe hinzuziehen.
P403 An einem gut belüfteten Ort aufbewahren.
P405 Unter Verschluss aufbewahren.
P302 + P352 Bei Kontakt mit der Haut: Mit viel Wasser und Seife waschen.
P303 + P361 + P353 Bei Kontakt mit der Haut (oder dem Haar): Alle beschmutzten, getränkten Kleidungsstücke sofort ausziehen. Haut mit Wasser abwaschen/duschen.
P304 + P340 Bei Einatmen: An die frische Luft bringen und in einer Position ruhigstellen, die das Atmen erleichtert.
P305 + P351 + P338 Bei Kontakt mit den Augen: Einige Minuten lang behutsam mit Wasser spülen. Vorhandene Kontaktlinsen nach Möglichkeit entfernen. Weiter spülen.
P370 + P378b Bei Brand des Eisenpulvers: Trockenen Sand zum Löschen verwenden.

Schule: ______________________________ Fachlehrer/in: ______________________________

Datum: ______________________________ Unterschrift: ______________________________

Erhitzen von Kupfersulfat

1. Durchführung (Tätigkeitsbeschreibung)

a) Gib zwei Zentimeter hoch Kupfer(II)-sulfat-Pentahydrat in ein Reagenzglas.
b) Erhitze das Reagenzglas in der Gasbrennerflamme, bis die blaue Farbe entweicht.
c) Gib in das entfärbte Kupfersulfat einige Tropfen Wasser.

2. Einstufung der Gefahrstoffe

Stoffbezeichnung	Signalwort	GHS-Symbol	H-Sätze	EUH-Sätze	P-Sätze	WGK
Kupfer(II)-sulfat-Pentahydrat	Achtung		H302 H315 H319 H410	–	P273 P302 + P352 P305 + P351 + P338	2

3. Gefahrenabschätzung

Gefahren	Ja	Nein	Sonstige Gefahren und Hinweise
durch Einatmen	✗		a) Kupfer(II)-sulfat-Pentahydrat verursacht schwere Augenreizung. b) Weite Ärmel, Schals und offene Haare vermeiden. c) Feuerfeste Arbeitsplatte aus Metall oder Keramik benutzen. d) Gasbrenner vor dem Wegräumen abkühlen lassen – Vorsicht beim Anfassen!
durch Hautkontakt	✗		
Brandgefahr	✗		
Explosionsgefahr		✗	

4. Substitution von Gefahrstoffen

☒ Nein ☐ Ja

5. Entsorgung

Die Kupfersalz-Lösung wird aufbewahrt oder in den Behälter für Schwermetallabfälle gegeben.

6. Schutzmaßnahmen

Mindeststandards TRGS 500	Schutzbrille	Schutzhandschuhe	Abzug	geschlossenes System	Lüftungsmaßnahmen	Brandschutzmaßnahmen	Weitere Maßnahmen:
✗	✗	✗				✗	

7. Sonstiges

Gefahrenhinweise – H-Sätze

H302 Gesundheitsschädlich bei Verschlucken.
H315 Verursacht Hautreizungen.
H319 Verursacht schwere Augenreizung.
H410 Sehr giftig für Wasserorganismen mit langfristiger Wirkung.

Sicherheitshinweise – P-Sätze

P273 Freisetzung in die Umwelt vermeiden.
P302 + P352 Bei Kontakt mit der Haut: Mit viel Wasser und Seife waschen.
P305 + P351 + P338 Bei Kontakt mit den Augen: Einige Minuten lang behutsam mit Wasser spülen. Vorhandene Kontaktlinsen nach Möglichkeit entfernen. Weiter spülen.

Schule: ____________________ Fachlehrer/in: ____________________

Datum: ____________________ Unterschrift: ____________________

Erhitzen von Kupfer

1. Durchführung (Tätigkeitsbeschreibung)

a) Falte ein etwa 5 cm mal 5 cm großes Kupferblech (Vorsicht! Schnittverletzungen!), presse es fest zusammen und halte es mithilfe der Tiegelzange etwa eine Minute in die Flamme des Gasbrenners.
b) Lass anschließend das Kupferblech erkalten und falte es wieder auseinander. Vergleiche den Zustand innen und außen.

2. Einstufung der Gefahrstoffe

Stoffbezeichnung	Signalwort	GHS-Symbol	H-Sätze	EUH-Sätze	P-Sätze	WGK
Kupfer(II)-oxid (Reaktionsprodukt)	Achtung		H302 H410	–	P260 P273	1

3. Gefahrenabschätzung

Gefahren	Ja	Nein	Sonstige Gefahren und Hinweise
durch Einatmen		✗	a) Kupfer(II)-oxid ist gesundheitsschädlich bei Verschlucken. b) Weite Ärmel, Schals und offene Haare vermeiden. c) Feuerfeste Arbeitsplatte aus Metall oder Keramik benutzen. d) Gasbrenner vor dem Wegräumen abkühlen lassen – Vorsicht beim Anfassen!
durch Hautkontakt	✗		
Brandgefahr	✗		
Explosionsgefahr		✗	

4. Substitution von Gefahrstoffen

☒ Nein ☐ Ja

5. Entsorgung

Oxidiertes Kupferblech in das Sammelgefäß „feste Abfälle (anorganisch)" geben. Man kann in der Regel auch die Kupfer(II)-oxid-Schicht abkratzen, die abgekratzte Schicht gibt man in das Sammelgefäß „feste Abfälle (anorganisch)", das Kupferblech kann wiederverwendet werden.

6. Schutzmaßnahmen

Mindest-standards **TRGS 500**	Schutzbrille	Schutz-handschuhe	Abzug	geschlossenes System	Lüftungs-maßnahmen	Brandschutz-maßnahmen	**Weitere Maßnahmen:**
✗	✗	✗				✗	

7. Sonstiges

Gefahrenhinweise – H-Sätze

H302 Gesundheitsschädlich bei Verschlucken.
H410 Sehr giftig für Wasserorganismen mit langfristiger Wirkung.

Sicherheitshinweise – P-Sätze

P260 Staub / Rauch / Gas / Nebel / Dampf / Aerosol nicht einatmen.
P273 Freisetzung in die Umwelt vermeiden.

Schule: ______________________ Fachlehrer/in: ______________________

Datum: ______________________ Unterschrift: ______________________

Erhitzen von Silberoxid

1. Durchführung (Tätigkeitsbeschreibung)

a) Gib 0,5 g Silberoxid in ein Reagenzglas und erhitze es mit der nicht leuchtenden Brennerflamme.
b) Halte gleichzeitig einen glimmenden Holzspan über die Öffnung des Reagenzglases. (Schutzbrille!)

2. Einstufung der Gefahrstoffe

Stoffbezeichnung	Signalwort	GHS-Symbol	H-Sätze	EUH-Sätze	P-Sätze	WGK
Silberoxid	Gefahr		H272 H314	–	P210 P301 + P330 + P331 P305 + P351 + P338 P309 + P310	

3. Gefahrenabschätzung

Gefahren	Ja	Nein	Sonstige Gefahren und Hinweise
durch Einatmen	✗		a) Explosionsgefahr ist bei der Versuchsdurchführung ausgeschlossen, da Silberoxid nicht eingeschlossen wird. b) Silberoxid verursacht schwere Verätzungen der Haut und schwere Augenschäden. c) Weite Ärmel, Schals und offene Haare vermeiden. d) Feuerfeste Arbeitsplatte aus Metall oder Keramik benutzen. e) Gasbrenner vor dem Wegräumen abkühlen lassen – Vorsicht beim Anfassen!
durch Hautkontakt	✗		
Brandgefahr	✗		
Explosionsgefahr		✗	

4. Substitution von Gefahrstoffen

☒ Nein ☐ Ja

5. Entsorgung

Das Silber kann für weitere Versuche verwendet werden.

6. Schutzmaßnahmen

Mindeststandards TRGS 500	Schutzbrille	Schutzhandschuhe	Abzug	geschlossenes System	Lüftungsmaßnahmen	Brandschutzmaßnahmen	Weitere Maßnahmen:
✗	✗	✗				✗	

7. Sonstiges

Gefahrenhinweise – H-Sätze

H272 Kann Brand verstärken; Oxidationsmittel.
H314 Verursacht schwere Verätzungen der Haut und schwere Augenschäden.

Sicherheitshinweise – P-Sätze

P210 Von Hitze / Funken / offener Flamme / heißen Oberflächen fernhalten. Nicht rauchen.
P301 + P330 + P331 Bei Verschlucken: Mund ausspülen. Kein Erbrechen herbeiführen.
P305 + P351 + P338 Bei Kontakt mit den Augen: Einige Minuten lang behutsam mit Wasser spülen. Vorhandene Kontaktlinsen nach Möglichkeit entfernen. Weiter spülen.
P309 + P310 Bei Exposition oder Unwohlsein: Sofort Giftinformationszentrum oder Arzt anrufen.

Schule: ______________________ Fachlehrer/in: ______________________

Datum: ______________________ Unterschrift: ______________________

Nachweis von Sauerstoff

1. Durchführung (Tätigkeitsbeschreibung)

a) Fülle einen Standzylinder mit Sauerstoff (O_2) (Druckgasflasche oder -dose).
b) Führe einen glimmenden Holzspan langsam in den Standzylinder.
c) Ziehe den brennenden Holzspan wieder heraus, blase die Flamme aus und wiederhole den Versuch mit Kohlenstoffdioxid (CO_2).

2. Einstufung der Gefahrstoffe

Stoffbezeichnung	Signalwort	GHS-Symbol	H-Sätze	EUH-Sätze	P-Sätze	WGK
Sauerstoff (Druckgasflasche oder -dose)	Gefahr		H270 H280	–	P220 P244 P403 P370 + P376	–
Kohlenstoffdioxid (Druckgasflasche)	–		H280	–	–	–

3. Gefahrenabschätzung

Gefahren	Ja	Nein	Sonstige Gefahren und Hinweise
durch Einatmen		✗	a) Der Sauerstoff wird von der Lehrkraft in den Standzylinder gefüllt. b) Anstelle von Druckgasflaschen lassen sich Druckgasdosen einfacher handhaben! c) Hinweis auf Verbrennungsgefahr durch den brennenden Holzspan geben.
durch Hautkontakt		✗	
Brandgefahr	✗		
Explosionsgefahr		✗	

4. Substitution von Gefahrstoffen

☒ Nein ☐ Ja

5. Entsorgung

Holzspanreste in den Restmüll des Hausmülls geben.

6. Schutzmaßnahmen

Mindeststandards TRGS 500	Schutzbrille	Schutzhandschuhe	Abzug	geschlossenes System	Lüftungsmaßnahmen	Brandschutzmaßnahmen	Weitere Maßnahmen:
✗	✗					✗	

7. Sonstiges

Gefahrenhinweise – H-Sätze

H270 Kann Brand verursachen oder verstärken; Oxidationsmittel.
H280 Enthält Gas unter Druck; kann bei Erwärmung explodieren. (Bei Benutzung von Druckgasflaschen oder -dosen)

Sicherheitshinweise – P-Sätze

P220 Von Kleidung /… / brennbaren Materialien fernhalten/entfernt aufbewahren.
P244 Druckminderer frei von Fett und Öl halten.
P403 An einem gut belüfteten Ort aufbewahren.
P370 + P376 Bei Brand: Undichtigkeit beseitigen, wenn gefahrlos möglich.

Schule: ______________________ Fachlehrer/in: ______________________

Datum: ______________________ Unterschrift: ______________________

Nachweis von Kohlenstoffdioxid

1. Durchführung (Tätigkeitsbeschreibung)

a) Fülle ca. 100 ml Kalkwasser in ein Becherglas.
b) Leite durch einen Schlauch Kohlenstoffdioxid aus der Druckgasflasche/-dose oder einer Mineralwasserflasche mit Kohlensäure in das Kalkwasser.

2. Einstufung der Gefahrstoffe

Stoffbezeichnung	Signalwort	GHS-Symbol	H-Sätze	EUH-Sätze	P-Sätze	WGK
Kohlenstoffdioxid (Druckgasflasche)	–		H280	–	–	–
Kalkwasser (Calciumhydroxidlösung, (w < 10 %)	Gefahr		H315 H318	–	P280 P305 + P351 + P338	1

3. Gefahrenabschätzung

Gefahren	Ja	Nein	Sonstige Gefahren und Hinweise
durch Einatmen	✗		a) Kalkwasser verursacht schwere Augenreizung. b) Calciumhydroxid verursacht schwere Augenschäden (wenn es frisch angesetzt werden muss). c) Hinweis geben, das Kohlenstoffdioxid nicht einzuatmen. d) Entnahme aus einer Druckgasflasche nur durch Lehrkraft! Deshalb besser auf CO_2-haltiges Mineralwasser zurückgreifen.
durch Hautkontakt	✗		
Brandgefahr		✗	
Explosionsgefahr		✗	

4. Substitution von Gefahrstoffen

[X] Nein [ ] Ja

5. Entsorgung

Das Kalkwasser kann nach der Neutralisation in das Abwasser gegeben werden.

6. Schutzmaßnahmen

Mindest-standards TRGS 500	Schutzbrille	Schutz-handschuhe	Abzug	geschlossenes System	Lüftungs-maßnahmen	Brandschutz-maßnahmen	Weitere Maßnahmen:
✗	✗	✗					

7. Sonstiges

Gefahrenhinweise – H-Sätze

H280 Enthält Gas unter Druck; kann bei Erwärmung explodieren. (CO_2 aus Druckgasflasche oder Druckgasdose)
H315 Verursacht Hautreizungen.
H318 Verursacht schwere Augenschäden.

Sicherheitshinweise – P-Sätze

P280 Schutzhandschuhe / Schutzkleidung / Augenschutz / Gesichtsschutz tragen.
P305 + P351 + P338 Bei Kontakt mit den Augen: Einige Minuten lang behutsam mit Wasser spülen. Vorhandene Kontaktlinsen nach Möglichkeit entfernen. Weiter spülen.

Schule: ____________________ Fachlehrer/in: ____________________

Datum: ____________________ Unterschrift: ____________________

Bestimmung des pH-Werts

1. Durchführung (Tätigkeitsbeschreibung)

a) Leite durch einen Schlauch Kohlenstoffdioxid aus der Druckgasdose oder -flasche in ein Becherglas mit Wasser.
b) Halte pH-Papier in das Becherglas (alternativ tropfe einige Tropfen Universalindikator in der Flüssigkeit).
c) Erhitze das Wasser im Becherglas auf einem Dreifuß mit Drahtnetz mithilfe eines Gasbrenners.

2. Einstufung der Gefahrstoffe

Stoffbezeichnung	Signalwort	GHS-Symbol	H-Sätze	EUH-Sätze	P-Sätze	WGK
Kohlenstoffdioxid (Druckgasflasche)	–		H280	–	–	–
Universalindikator	Gefahr		H225	–	P210 P233 P370 + P378a P403 + P235	–

3. Gefahrenabschätzung

Gefahren	Ja	Nein	Sonstige Gefahren und Hinweise
durch Einatmen		✗	a) Hinweis, das Kohlenstoffdioxidgas nicht einzuatmen. b) Weite Ärmel, Schals und offene Haare vermeiden. c) Feuerfeste Arbeitsplatte aus Metall oder Keramik benutzen. d) Gasbrenner vor dem Wegräumen abkühlen lassen – Vorsicht beim Anfassen!
durch Hautkontakt		✗	
Brandgefahr	✗		
Explosionsgefahr		✗	

4. Substitution von Gefahrstoffen

☒ Nein ☐ Ja

5. Entsorgung

Wasser kann in den Abfluss gegeben werden.

6. Schutzmaßnahmen

Mindeststandards **TRGS 500**	Schutzbrille	Schutzhandschuhe	Abzug	geschlossenes System	Lüftungsmaßnahmen	Brandschutzmaßnahmen	**Weitere Maßnahmen:**
✗	✗					✗	

7. Sonstiges

Gefahrenhinweise – H-Sätze

H225 Flüssigkeit und Dampf leicht entzündbar. (Universalindikator)

H280 Enthält Gas unter Druck; kann bei Erwärmung explodieren. (CO_2 aus Druckgasflasche oder Druckgasdose)

Sicherheitshinweise – P-Sätze

P210 Von Hitze / Funken / offener Flamme / heißen Oberflächen fernhalten. Nicht rauchen.

P233 Behälter dicht verschlossen halten.

P370 + P378a Bei Brand der Universalindikatorlösung: Feuerlöscher angepasst an die Brandklasse der Umgebung verwenden, ggf. Feuerlöschdecke. Alle Löschmittel wie Schaum, Wassersprühstrahl, Trockenpulver, Kohlensäure können zum Löschen verwendet werden.

P403 + P235 Kühl an einem gut belüfteten Ort aufbewahren.

Schule: ____________________ Fachlehrer/in: ____________________

Datum: ____________________ Unterschrift: ____________________